W0039508

Norbert Bolz
Profit für alle

Norbert Bolz

Profit für alle

Soziale Gerechtigkeit
neu denken

MURMANN

Dieses Buch wurde klimaneutral produziert

Die Deutsche Bibliothek – CIP-Einheitsaufnahme
Ein Titelsatz für diese Publikation ist bei
der Deutschen Bibliothek erhältlich
ISBN 978-3-86774-075-3

1. Auflage, August 2009
Copyright © 2009 by Murmann Verlag GmbH, Hamburg

Lektorat: Christian Weller, Hamburg
Umschlaggestaltung: Rothfos & Gabler, Hamburg
Herstellung und Gestaltung: Eberhard Delius, Berlin
Satz: Offizin Götz Gorissen, Berlin
Gesetzt aus der Minion und Freeway
Druck und Bindung: Freiburger Graphische Betriebe, Freiburg
Printed in Germany

Besuchen Sie uns im Internet: www.murmann-verlag.de
Ihre Meinung zu diesem Buch interessiert uns!
Zuschriften bitte an **info@murmann-verlag.de**
Den Newsletter des Murmann Verlages können Sie anfordern unter
newsletter@murmann-verlag.de

Inhalt

Gibt es doch Leben im »stahlharten Gehäuse«?

Der neue Geist des Kapitalismus

Alle sprechen von sozialer Gerechtigkeit. Sie ist heute ein Wert, dem man offenbar zustimmen muss – der Konsensbegriff Nr. 1. Die meisten Menschen können zwar nicht sagen, was Gerechtigkeit ist, aber sie haben ein sehr genaues Empfinden für Ungerechtigkeiten. Eine massendemokratische Gesellschaft wie die unsere beurteilt die Leistungen der Bürger als gleichwertig und muss deshalb die extrem unterschiedlichen Einkommen als ungerecht empfinden. Die Konfrontation der schlecht bezahlten Krankenschwester mit dem Manager, der gerade seinen Bonus einstreicht, ist von großer Symbolkraft. Wie lässt sich ein solcher Unterschied rechtfertigen?! Dieses ethische Bedürfnis nach Rechtfertigung ist heute stärker als jedes materielle Bedürfnis. Im Kern geht es hier um die Religion unserer Gesellschaft. Je weniger die Menschen an Gott glauben, umso mehr müssen sie an die soziale Gerechtigkeit glauben. Soziale Gerechtigkeit ersetzt uns das Heilige.

Vor diesem Hintergrund lässt sich die zentrale These dieses Buches so formulieren: Ich versuche, den Begriff der sozialen

Gerechtigkeit von Fetischismus und Ressentiment zu reinigen und dann neu zu denken. Soziale Gerechtigkeit gibt es nicht durch Umverteilung, sondern durch die Produktion sozialen Reichtums. Soziale Gerechtigkeit gibt es nicht durch Sozialismus, sondern durch soziale Netzwerke und die Kraft des Einzelnen. Nichts ist bodenloser als die sozialromantische Kapitalismuskritik unserer Tage. Aber: Nur der Kapitalismus selbst kann die Wunden, die er schlug, wieder heilen.

Das große Thema des 21. Jahrhunderts, das sich hinter dem Streit um die soziale Gerechtigkeit verbirgt, ist die Produktion des sozialen Reichtums. Am Ende des 20. Jahrhunderts hat unsere Gesellschaft erkannt, dass sie eine *äußere* Balance mit der Natur finden muss. Ökonomie und Ökologie galten bisher immer als unvereinbare Interessengebiete. Wir haben dann aber Aug in Aug mit der drohenden Klimakatastrophe gelernt, dass umweltbewusstes Handeln wirtschaftlich profitabel sein kann. Das Bündnis von Ökonomie und Ökologie mag noch nicht Wirklichkeit sein, aber wir wissen heute, dass es möglich ist. Am Anfang des 21. Jahrhunderts erkennt unsere Gesellschaft, dass sie nun auch eine *innere* Balance finden muss – Stichwort: soziale Gerechtigkeit. Es geht um die Versöhnung von Profitmotiv und sozialer Verantwortung.

Die Produktion des sozialen Reichtums wird heute möglich, weil es einen neuen Geist des Kapitalismus gibt. Romane und Filme transportieren noch den amerikanischen Traum, der in der ersten Hälfte des 20. Jahrhunderts ausfantasiert wurde. Es war der Traum vom Selfmademan, die Verheißung der Chance, vom Tellerwäscher zum Millionär zu werden: Jedem, der tüchtig ist, steht die Tür zum Erfolg offen. Die älteren unter den Lesern werden sich noch an das deutsche Wirtschaftswunder mit dem Versprechen des Wohlstands für alle erinnern – die goldene

Zeit der 50er und 60er Jahre, die der Nachkriegsgeneration plötzlich unglaubliche Konsumchancen geboten hat. Und heute haben wir es mit einer neuen konkreten Utopie des Kapitalismus zu tun. Das Internet-Zeitalter wird den sozialen Reichtum produzieren.

Das mag diejenigen überraschen, die überall nur Zeichen der Krise sehen. Und in der Tat muss man ja nur eine Zeitung aufschlagen oder den Fernseher einschalten, um das große Jammern zu vernehmen. Täglich gibt es neue Nachrichten über die Klimakatastrophe und die Erschöpfung der natürlichen Ressourcen, über die skandalöse Armut in der Dritten Welt und über die entwürdigende Arbeitslosigkeit in unserer Gesellschaft. Wir sehen Bilder der großen Wanderung: hoffnungslos überladene Boote verzweifelter Migranten, die über das Mittelmeer ins gelobte Europa streben.

In diesem gelobten Land selbst scheinen himmelschreiende Ungerechtigkeiten zu herrschen – die Reichen werden immer reicher und die Armen immer ärmer. Die globalisierte Welt wird heute aber nicht nur durch den Gegensatz von Arm und Reich, sondern auch durch den Gegensatz zwischen den Vernetzten und den Nichtvernetzten geprägt. Die Zukunft der Informationsrevolution durch das Internet wird zeigen, dass der Gegensatz »vernetzt / nicht vernetzt« sogar noch folgenreicher ist als der zwischen Arm und Reich. Und über allem schwebt die Drohung der Bankenkrise des Jahres 2008 und ihrer unberechenbaren Folgen. Das Finanzkapital hat sich nicht nur von der Realwirtschaft, sondern auch von unserem Verständnis abgekoppelt.

Viele haben das dumpfe Gefühl, dass das alles zusammenhängt und niemand es steuern kann. Man lässt sich dann gerne von populistischen Parolen ansprechen, die die Sündenböcke der Krise als Turbokapitalisten, Marktradikale, Neoliberale, Heuschrecken und Monster bezeichnen. Gab es zu viel Freiheit für das Kapital? Muss nun Vater Staat für Ordnung sorgen? Sind die Liberalen schuld am Chaos? Hier kann man etwas aus der Geschichte lernen. Das liberale Laisser-faire endete nämlich schon 1873 mit dem Wiener Börsenkrach. Damals begannen die Regierungen zu regulieren. Sie entwickelten Schutz- und Sicherheitspläne, am prominentesten Bismarck mit seiner Erfindung der Sozialversicherungen. Hundert Jahre lang, auch durch die schreckliche Zeit der Weltkriege und des Schwarzen Freitags hindurch, durfte sich Regierungshandeln als Aufklärung des Kapitalismus begreifen.

Erst in den 70er Jahren des 20. Jahrhunderts erlosch diese »progressive« Stimmung: Der »Öl-Schock«, das freie Floaten der Leitwährung Dollar seit Richard Nixon und die Stürme der Studentenbewegung zeigten an, dass wir in eine Welt des beweglichen Ungleichgewichts eingetreten waren, in der nur die Ungewissheit gewiss ist. Die Nationalökonomen sind seither ratlos, denn nicht die Nationalökonomie zählt, sondern die Dynamik der großen Wirtschaftsregionen. Wichtiger als die traditionellen Produktionsfaktoren, als Güter und Dienstleistungen sind die autonomen Geldflüsse von Kredit und Investment, die weltweiten Transaktionen zwischen Banken.

Weil dieses System für alle undurchschaubar ist, erscheint eine Krise als Katastrophe. Und uns bleibt nur das Zuschauen. Die Katastrophenberichterstattung der Massenmedien macht uns hilflos und wütend, auch wenn wir persönlich gar nicht betroffen sind. Prinzipiell ist es ja so, dass man lernt, sich hilflos zu fühlen, wenn man andere beobachtet, die unkontrollierbaren Ereignissen ausgesetzt sind – zum Beispiel einem Tsunami. Denn die Massenmedien reduzieren uns Zuschauer, Hörer und

Leser auf das bloße Erleben: Wir müssen zusehen, wie andere entscheiden, genießen und leiden. Und wenn andere entscheiden, werden wir zu Betroffenen. Wenn andere genießen, halten wir uns für benachteiligt. Wenn andere leiden, ist uns das unerträglich.

Wer nicht Zeitung liest und fernsieht, müsste aber einen ganz anderen Eindruck bekommen. Wir leben im Goldenen Zeitalter und merken es nicht. Seit dem Zweiten Weltkrieg hat sich das Durchschnittseinkommen im Westen verdreifacht. Wir sind gesünder denn je, leben länger denn je, genießen eine unerhört lange Zeit des Friedens, sind weltweit mobil und haben märchenhafte Bildungschancen. Aber offenbar ist es sehr schwer, sich daran zu erfreuen. Seit Jahren dominiert in den Medien der Klageton, das Jammern über soziale Ungerechtigkeit, über den Werteverfall – und neuerdings wieder einmal die Prophezeiung vom Ende des Kapitalismus.

Pessimismus ist die Krankheit eines Zeitalters, das nicht mehr an den Fortschritt zu glauben wagt. Und immer mehr Leute scheinen eine Art Krankheitsgewinn aus dem Schwarzsehen ziehen zu wollen. Hoffnungslosigkeit verkauft sich gut. Deshalb hat sich eine mächtige Angstindustrie entwickelt. Jahrzehntelang hatten wir Angst vor den Atomkraftwerken. Seit genau zwanzig Jahren haben wir Angst vor der Klimakatastrophe. Heute ist die Angst vor der Energiekatastrophe erwacht. Und die Aussicht, dass bald die Lichter ausgehen, lässt viele schon jene Urangst vor der Atomkraft vergessen. Auf den Film »The Day After« über die Atomkatastrophe folgte der Film »The Day After Tomorrow« über die Umweltkatastrophe. Welche Apokalypse wird uns der Tag nach übermorgen im Kino zeigen? Kühe, die auf der Wall Street weiden?

Was wir im Fernsehen und im Kino zu sehen bekommen, ist

die Welt als Unheil und Skandal. Vor allem die Fernsehnachrichten inszenieren das Drama der Hilflosigkeit. Der tägliche Katastrophenkonsum wird von einer milliardenschweren Industrie bedient. Massenmedien machen auf dem Markt der Gefühle Geld mit unserer Angst. Hier wird die Apokalypse zur Ware. Wir leben in einem Zeitalter des Pop-Pessimismus, sagt der Politologe und Essayist Arthur L. Herman sehr treffend. Konkret sieht das so aus: globale Erwärmung, Terrorismus, Aufstieg Chinas, demographischer Niedergang des Westens – und jetzt auch noch die Bankenkrise.

Die Massenmedien zeigen täglich den obszönen Reichtum – und zwar zeigen sie nicht nur den Armen den Reichtum des Westens, sondern auch uns Wohlstandsbürgern den Reichtum der Superreichen. Rasch kommt da unsere Toleranz gegenüber dem Reichtum anderer an ihre Grenzen. Dass die Armen der Dritten Welt unglücklich über ihr Los sind, versteht jeder. Die Massenmedien zeigen ihnen heute die Welt so, wie sie früher nur die Reichen gesehen haben. Die Welt wie die Reichen zu betrachten, ohne reich zu sein, ist aber eine Quelle ständiger Frustration. Die Bilder der Medien treiben deshalb die neue Völkerwanderung an.

Kurzum, wenn wir die Zeitung aufschlagen oder den Fernseher einschalten, bietet sich immer dasselbe Bild: Die Welt ist aus den Fugen. Kaum ein Tag vergeht ohne Hiobsbotschaften aus der Weltwirtschaft, und es scheint lebensklug zu sein, sich auf eine lange Rezession einzustellen. Auch gelassenere Gemüter suchen Zuflucht bei dem Scherzwort: Die Lage ist aussichtslos, aber nicht ernst. Doch ist die gegenwärtige Hoffnungslosigkeit tatsächlich der realistische Ausdruck der wirtschaftlichen und gesellschaftlichen Weltlage? Wie ist Hoffnung überhaupt mit der Wirklichkeit korreliert? Und gibt es frei sprudelnde Quellen der Zuversicht, die uns von dem grassierenden Pessimismus befreien könnten?

Echte, produktive Hoffnung zeigt sich im Widerstand gegen die Angstindustrie. Und man kann diese Einstellung trainieren. Es gibt nämlich nicht nur einen gelernten Pessimismus, sondern auch einen gelernten Optimismus. Jeder kennt das klassische Beispiel: zu lernen, dass ein Glas, das man für halb leer gehalten hat, in Wahrheit halb voll ist. Eine noch recht junge Wissenschaft, die Psychoneuroimmunologie, zeigt uns, dass Hoffnung heilt. Und das ist eigentlich auch für niemanden überraschend, der einmal den Placeboeffekt erlebt hat – das Medikament wirkt, obwohl es gar keine Wirkstoffe hat, kraft des Glaubens. Manche Ärzte behaupten sogar, dass ein Placebo wirken kann, obwohl man weiß, dass es ein Placebo ist.

Mit der Kraft des Glaubens sind wir natürlich in der Welt der Religion. Dort hat sich historisch die meiste Erfahrung über den Zusammenhang angehäuft, der uns hier interessiert: über das Training der Zuversicht, den Sinn des Lebens und die Fähigkeit zur Selbsttranszendenz. Nun gehören Verlautbarungen der katholischen Kirche normalerweise nicht zur Pflichtlektüre erfolgreicher Geschäftsleute. Aber mit einer Enzyklika des Papstes Benedikt XVI. sollte es anders sein. Sie heißt *Spe salvi*, also zu Deutsch: durch Hoffnung gerettet. Und ihre Botschaft lautet sehr klar und einfach: Optimismus kann man lernen und üben.

Genau in diesem Sinne ist jede gute Firmenphilosophie ein Glaubensbekenntnis, nämlich eine Trainingsanleitung für Hoffnung. Wir alle, Unternehmer wie Mitarbeiter, wollen ja erfolgreich sein. Und man weiß heute, dass die wichtigste psychologische Bedingung für Erfolg die »Selbstwirksamkeitsüberzeugung« ist. Das lässt sich auch einfacher formulieren: Man muss sich selbst als Placebo nehmen. Hoffnung ist der archimedische Punkt des Erfolgs.

Der amerikanische Ökonom Frank Knight hat einmal gesagt: Der Glaube mag Berge versetzen, aber Ingenieure empfehlen Dynamit. Das ist zwar intelligent, witzig und gut formuliert. Aber heute hört man besser auf Nike als auf Knight: *Just do it!* Oder auf Obama: *Yes, we can!* Tatsächlich versetzt der Glaube Berge. Das macht die wunderbare Geschichte deutlich, die Seth Godin, der erfolgreichste Business-Blogger der Welt, über den Felsenspringer Chris Sharma erzählt hat: Die wagemutigen Kletterer befolgten bisher immer die Regel, eine Hand und einen Fuß sicher an der Felswand zu fixieren, bevor man sich mit der anderen Hand und dem anderen Fuß weiter nach oben tastet. Chris Sharma kam auf die wahnsinnige Idee, nach oben zu springen. Jede Vernunft und jede Erfahrung sprachen dagegen, nur sein Glaube sprach dafür. Und es funktionierte. Jetzt sind Kletterrouten möglich, die früher undenkbar waren. Chris Sharma hat buchstäblich ernst gemacht mit dem, was der Theologe Kierkegaard den »Sprung des Glaubens« nannte. Und die Lektion, die das Klettergenie für uns bereithält, lautet: Ohne die Spannkraft des Glaubens kann man nicht mit dem Unerwarteten umgehen.

Wie Menschen eine Situation öffentlich definieren, so ist sie schließlich auch. Das ist mit dem Begriff der sich selbst erfüllenden Prophezeiung gemeint. Hier ein aktuelles Beispiel: Die Struktur des Banksystems gründet auf Vertrauen, Versprechen und selbstverständlichen Erwartungen. Beginnen die Kunden aber an der Vertrauenswürdigkeit dieser Versprechungen zu zweifeln, definieren sie die Situation um – und damit verändert sie sich tatsächlich. Das System des Vertrauens bricht zusammen. Wenn genügend Kunden mit kleinen Köfferchen am

Bankschalter erscheinen, um ihr Erspartes abzuheben, weil sie Angst vor der Pleite der Bank haben, geht die Bank tatsächlich pleite.

Eine ursprünglich falsche Definition der Situation verändert das Verhalten der Beteiligten in einer Weise, die diese Definition wahr werden lässt. Der Schüler, der glaubt, dass ihn die Klassenkameraden in der neuen Schule nicht mögen werden, verhält sich so, dass sie ihn tatsächlich nicht mögen. Der Student, der Angst hat, das Examen nicht zu schaffen, ist so aufgeregt, dass er das Examen tatsächlich nicht schafft. Die sich selbst erfüllende Prophezeiung bestätigt die Vorurteile. Dabei habe ich die Tatsachen, die meine Vorurteile bestätigen, selbst produziert.

Diesen Mechanismus kann man aber auch umkehren, und dann erweist sich die Hoffnung als der Sinn für die Zukunft. Optimismus ist der Glaube, dass die Situation, in der man steckt, einen guten Sinn hat. Der Optimist verleugnet die Realität nicht, er ermöglicht sie überhaupt erst. Der amerikanische Philosoph und Psychologe William James hat dem eine ganz allgemeine Fassung gegeben: Wer daran glaubt, dass das Leben lebenswert ist, handelt so, dass das Leben lebenswert wird. Die Strategie der Hoffnung reagiert also nicht auf die Umwelt und passt sich auch nicht an sie an. Sie ist »proaktiv«.

Das Hoffen ist für das Handeln, was das Wissen für die Erkenntnis ist. Es ist egal, ob man Gott beweisen (was einige Theologen glauben) oder den freien Willen widerlegen kann (was die Hirnphysiologen glauben). Die Hoffnung bewirkt in praktischer Absicht, dass wir fühlen und handeln können, als ob es einen Gott gäbe und als ob wir einen freien Willen hätten. Hoffen heißt zwar nicht wissen, aber die Hoffnung nimmt doch einen entscheidenden Einfluss auf unser Denken.

Zu einem gesunden Geist gehören Mut, Hoffnung und Vertrauen. Zum Erfolg fehlt dann nur noch das »Unternehmer-moment«, von dem der große Ökonom Joseph Schumpeter gesprochen hat. Man ist Unternehmer immer dann, wenn man eine neue Kombination durchsetzt. Konkret verkörpert wird diese Gestalt vom traditions- und beziehungslosen Emporkömmling, dem schöpferischen Zerstörer. Aber eben auch vom Künstler. Und tatsächlich hat Schumpeter den Unternehmer als den Künstler gefeiert, der das Neue gestaltet. Was beide verbindet, ist die »Freude am Gestalten«. Und wir sehen heute, dass dieses Unternehmermoment nicht nur in der Wirtschaft gefragt ist, sondern auch im öffentlichen Bereich und in den sozialen Organisationen.

Wenn wir uns mit dieser Freude am Gestalten der Welt zuwenden, die scheinbar aus den Fugen ist, dann eröffnen sich zwei Aufgabenfelder. Die moderne Gesellschaft muss eine *äußere* Balance in ihrem Verhältnis zur Umwelt, zur Natur finden, die ausgebeutet und verschmutzt wird. Grün ist die Farbe für die Suche nach dem ökologischen Gleichgewicht. Die ökologische Beschreibung der Welt hat in den letzten Jahrzehnten aus der Menschheit wieder eine Schicksalsgemeinschaft gemacht. Hier steht jetzt der Schritt vom Protest zur Aktion an. Der ökologisch orientierten Ökonomie geht es nicht nur darum, zu retten und zu bewahren, sondern auch zu gestalten.

Die *innere* Balance betrifft das Verhältnis der gesellschaftlichen Gruppen zueinander, und hier herrscht eine extreme Ungleichheit der Lebenschancen. Rot ist die Farbe für die Suche nach dem sozialen Gleichgewicht. Wir können also formelhaft zusammenfassen: Nachhaltigkeit ist die Utopie der äußeren Balance, die Versöhnung von Ökonomie und Ökologie. Soziale Gerechtigkeit ist die Utopie der inneren Balance, die Versöhnung von Profit und Verantwortung.

In den 60er Jahren des 20. Jahrhunderts entstand das Umweltbewusstsein, das »die Grenzen des Wachstums« markieren wollte. Jahrzehnte lang sah es so aus, als müssten wir uns zwischen der Sorge um die Natur und wirtschaftlichem Erfolg entscheiden. Unsere Gesellschaft hat fast ein halbes Jahrhundert gebraucht, um zu begreifen, dass Ökonomie und Ökologie keinen Gegensatz bilden. Man kann mit Umweltbewusstsein gute Geschäfte machen.

Das große Thema des 21. Jahrhunderts lautet »soziale Gerechtigkeit«. Jetzt geht es um das Gleichgewicht, das unsere moderne Gesellschaft im Verhältnis der Klassen und Generationen einerseits, im Verhältnis von Staat und Wirtschaft andererseits finden muss. Ich habe es schon gesagt: Nach der Versöhnung von Ökonomie und Ökologie am Ende des 20. Jahrhunderts geht es im 21. Jahrhundert um die Versöhnung von Profitmotiv und sozialer Verantwortung. Wir fragen nicht nach den Grenzen des Wachstums, sondern nach einem neuen Reichtum, der sich mit den klassischen Begriffen der Ökonomie nicht fassen lässt.

Zug um Zug hat die moderne Gesellschaft die Forderungen der Französischen Revolution verwirklicht: Die Forderung nach Freiheit wurde im Liberalismus des 19. Jahrhunderts erfüllt. Die Forderung nach Gleichheit erfüllte der Sozialstaat des 20. Jahrhunderts. Und die Idee der Brüderlichkeit wird der Sozialkapitalismus des 21. Jahrhunderts verwirklichen. Dieser Begriff bezeichnet eine tiefgreifende ethische Aufladung der Wirtschaft. Die gemeinsamen Werte, die die globalisierte Welt zusammenhalten, bilden sich heute nicht mehr in der Politik, sondern im Business. Gerade deshalb sind wir so empört über Enron, Siemens, Zumwinkel, Lehman Brothers, die Sachsen LB und Hypo Real Estate.

Doch nur scheinbar vollzieht sich die Produktion des sozialen Reichtums gegen die Wirtschaft und gegen die Politik. Wenn wir immer mehr von Non-Profit-Organizations und Nichtregierungsorganisationen hören, dann bedeutet das nicht, dass keine Profite gemacht und keine Entscheidungen gefällt würden. Im Gegenteil. Heute ist Non-Profit das Portal zum neuen Profit. Und Nichtregierungsorganisationen wie Greenpeace haben einen enormen Einfluss auf die konkreten politischen Entscheidungsprozesse. Wer heute etwa eine Fußballweltmeisterschaft ausrichten oder einen Flughafen ausbauen will, muss die NGOs mit ins Boot nehmen.

Man könnte es auch so sagen: Der Umbau des Kapitalismus hat längst stattgefunden. Er hat den Marxismus verinnerlicht. Nicht erst seit die Deutschen die soziale Marktwirtschaft mit friedlichen Tarifpartnern erfunden haben, sondern eigentlich schon seit Henry Ford kennen wir einen gebenden, sorgenden Kapitalismus. Ford schenkte Massachusetts eine Autobahn und kam auf die großartige Idee, den Arbeitern nicht so wenig wie möglich, sondern so viel wie möglich zu zahlen. Auch können wir seit Jahr und Tag einen gebenden, sorgenden Kolonialismus beobachten, der Entwicklungshilfe leistet und einen »fairen Handel« mit den unterentwickelten Ländern propagiert.

Nähern wir uns dem Thema zunächst einmal ganz schematisch. Die Produktion des sozialen Reichtums erfolgt aus vier Quellen: Da sind zum einen die Menschen der Wohlstandswelt, denen es nicht mehr genügt, sich selbst zu verwirklichen, sondern die ihr Leben an Werten und sozialen Ideen orientieren wollen. Man kann diesen Trend mit dem Psychologen Abraham Maslow *Selbsttranszendierung* nennen. Da ist, zweitens, das Internet, das längst nicht mehr nur ein Medium der Informationsverarbeitung ist, sondern sich zu einem sozialen Medium entwickelt hat, in dem die Menschen ihr Alltagsleben organisieren. Ich spreche hier von *sozialen Netzwerken*. Da ist, drittens, die freie Marktwirtschaft, an die die Bürger und Konsumenten zunehmend Erwartungen herantragen, die man früher an die Kirche oder an den Staat adressiert hätte. Die Bürger erwarten, dass die Unternehmen soziale und politische Verantwortung für den Stand der Weltdinge übernehmen. Das zwingt die Unternehmen zu einem neuen Selbstverständnis, das ich *Sozialkapitalismus* beziehungsweise sorgenden Kapitalismus nenne. Und da ist schließlich, viertens, das politische System, von dem die verunsicherten und zugleich anspruchsvollen Bürger heute weit mehr erwarten als die klassische Daseinsfürsorge. Einige politische Parteien sprechen selbst schon vom *vorsorgenden Sozialstaat*. Jedem dieser Produktionsfaktoren des sozialen Reichtums wird im Folgenden ein Kapitel gewidmet. Doch ich will vorab ganz grob skizzieren, was man sich unter diesen vier Grundbegriffen vorzustellen hat.

Selbsttranszendierung

Der englische Philosoph Thomas Hobbes hat drei Bedürfnisse des Menschen unterschieden, nämlich Erfolg, Sicherheit und Anerkennung. Erfolg sucht der Mensch in der Wirtschaft, Sicherheit erwartet er vom Staat, und Anerkennung erkämpft er sich im Sozialen. Vor allem dieses Begehren nach Anerkennung wird für die Kultur des 21. Jahrhunderts bedeutsam. Man kann sich das so erklären: Der Kapitalismus hat aus den Leidenschaften Interessen gemacht. Doch die verdrängten Leidenschaften kehren heute wieder, und zwar an der Spitze der Bedürfnispyramide, die Abraham Maslow beschrieben hat.

Jeder, der mit Psychologie oder Marketing zu tun hat, kennt diese Pyramide der Bedürfnisse, die nach einem einfachen Prinzip gebaut ist. Sobald die fundamentalen Bedürfnisse des Menschen wie etwa die nach Nahrung und Sicherheit dauerhaft befriedigt sind, entwickelt er höhere Bedürfnisse, zum Beispiel nach Liebe und Anerkennung. An der Spitze der Pyramide steht dann der Wert der Selbstverwirklichung, der ja bis zum heutigen Tag von vielen Menschen in der westlichen Wohlstandswelt als unbezweifelbarer Spitzenwert verstanden wird.

Schaut man sich die Schriften von Abraham Maslow aber etwas genauer an, dann macht man eine verblüffende Entdeckung. In seinen letzten Lebensjahren hat Maslow an seinem Spitzenwert gezweifelt und gefragt, was jenseits der Selbstverwirklichung kommt. Die Antwort, die er tastend gefunden hat, scheint mir die beste Bezeichnung für den ersten Produktionsfaktor des sozialen Reichtums zu sein: Selbsttranszendierung.

Das klingt religiös und ist auch tatsächlich als eine Art Sakralisierung des Alltags gemeint. Maslow hat nämlich beobachtet, dass es Menschen gibt, für die die Pflicht zur Lust und die Arbeit zum Spiel wird. Und das ist sehr viel mehr als bloß Gesundheit – oder wie man heute gerne amerikanisch sagt: Well-being. Das richtig verstandene Projekt der Selbstverwirklichung ist eine Leiter, die man wegwirft, wenn man das Ziel erreicht hat. Der wichtigste Gedanke Maslows führt uns also zu der Paradoxie einer gelungenen Selbstverwirklichung als Selbstüberschreitung.

Das Selbst wird wirklich, indem es sich übersteigt. Konkret heißt das: den anderen oder einer Sache dienen – und das kann die Umwelt sein, aber eben auch die soziale Gerechtigkeit. »Es drängt uns, zu opfern«, hat der Philosoph Max Scheler einmal gesagt. Und das ist genau die Erfahrung, die wir an der Spitze der Bedürfnispyramide machen. Es genügt uns dann nicht mehr, einen Job, Geld und Freizeit zu haben. Der Beruf soll wieder nach Berufung schmecken, so wie das die Puritaner in der Gründungsphase des Kapitalismus mit ihrem Begriff *Calling* ausgedrückt haben. Und so heißt es dann bei Maslow: Die Berufung ist der Altar, auf dem man sich darbringt.

Tatsächlich haben wir in der westlichen Wohlstandswelt seit dem Zweiten Weltkrieg alle Stufen der Bedürfnispyramide durchlaufen. Und natürlich wollen wir immer noch bekommen, was wir uns wünschen, aber mehr noch wollen wir herausfinden, was wir wirklich wollen. So können wir das Leben heute als Erforschung eines Wertefeldes betrachten. Mit dem Sieg des Kapitalismus wurde der Blick wieder frei auf die nichtökonomischen Kräfte, also die sozialen und moralischen Werte, das Begehren nach Anerkennung. Unser Blick wurde aber auch wieder frei für die andere Seite der Vernunft, also für Gefühle und Geschichten.

Die Leute lieben es, ihre eigenen Fähigkeiten zu stimulieren und zu trainieren. Distinktion und Exzellenz sind die wichtigsten Quellen der Befriedigung. Da sich mein Selbstwertgefühl in der Vorstellung bildet, wie andere mich beurteilen, ist das wichtigste Motiv meines Handelns, etwas zu tun, worauf die anderen angemessen reagieren. *I want to make a difference*, sagen die Amerikaner: Ich will einen Unterschied machen, der für andere zählt. In Amerika ist das eine kulturelle Selbstverständlichkeit. Dabei geht es um den Anspruch auf die eigene Würde und den Wunsch, etwas erkennbar zu bewirken. Und auch in Europa wollen immer mehr Menschen »einen Unterschied machen«.

Soziale Netzwerke

Nachdem uns die Massenmedien die Nachrichten aus aller Welt gebracht haben, ermöglicht uns das Internet jetzt die Kommunikation mit aller Welt. Neue Medien und Kommunikationstechnologien gestalten den sozialen Raum, in dem wir leben. Und es ist längst nicht mehr die Frage, ob man das Internet nutzt. Denn wer das nicht tut, gehört unstrittig zu den Verlierern der Globalisierung. Die entscheidende Frage lautet vielmehr: Nutzt du noch das Internet, oder lebst du schon im Cyberspace? Gehörst du zu denen, die den Computer gebrauchen, als sei er eine bessere Schreibmaschine, und die das Internet verwenden, als sei es eine bessere Bibliothek? Oder gehörst du zu denen, die ihre Existenz in den neuen sozialen Medien aufbauen, privat wie geschäftlich?

Ich will zunächst einmal die optimistischen Visionen der Internet-Kultur kurz skizzieren. In offenen Netzen treffen sich frei assoziierte Individuen und sie bilden Gemeinschaften, in denen sich jedes Individuum immer wieder neu entwerfen und in ein gemeinsames Projekt einbringen kann. Das ist keine einheitliche Kultur, sondern ein Netzwerk von speziellen Interessen- und Wissensgruppen. Die bekanntesten Beispiele sind hier auch die lehrreichsten: Wikipedia, die freie Online-Enzyklopädie, an der alle mitwirken können, und Linux, die weltweite Zusammenarbeit von Programmierern, die kostenlose Software produzieren.

Die Weisheit der Vielen tritt in erfolgreiche Konkurrenz zum Expertenwissen, weil alle mehr wissen als jeder. »Wiki« wird zum Erkennungszeichen einer weltweiten Selbstorganisation des Laienwissens. Die »Blogs«, die einmal elektronische Tagebücher waren, versprechen heute, dass jeder Leser zum Autor und Journalisten werden kann. Die vertrauten Formen sozialer Hierarchie werden immer entschiedener durch eine flache Netzwerkkultur verabschiedet. Das Internet ist heute die Schlüsselmetapher für spontane soziale Ordnung. Deshalb kann es auch nicht überraschen, dass das offene Netz längst zur Projektionsfläche von Aufklärungsutopien geworden ist. Man spricht von elektronischen Rathäusern und virtuellen Parlamenten. Noch attraktiver aber ist vor allem für die Jugendlichen die Möglichkeit, in den offenen Strukturen des Internets ein Netzwerk der Freundeskreise und Subkulturen aufzubauen.

In sozialen Netzwerken zeigen sich die Überlebensvorteile extremer gegenseitiger Abhängigkeit. Damit solche Netzwerke funktionieren, muss aber ausreichend großes soziales Kapital vorhanden sein. Und hier ist es nun wichtig, mit dem Politologen Robert D. Putnam zwischen bindendem und überbrückendem sozialen Kapital oder mit Mark Granovetter, dem Begründer der modernen Netzwerktheorie, zwischen starken und schwachen Bindungen zu unterscheiden. Das klingt komplizierter, als es ist. Worum es hier geht, kann man sich am einfachsten klarmachen, indem man das Leben traditioneller und moderner Gesellschaften miteinander vergleicht. In traditionellen Gesellschaften gab es wenige Optionen und starke Bindungen. In der modernen Gesellschaft gibt es viele Optionen und schwache Bindungen.

Die starken Bindungen schließen aus. Sie knüpfen dichte Netzwerke zwischen Verwandten und intimen Freunden. Das stärkt die Ich-Identität und den Zusammenhalt der eigenen Gruppe. Hier herrscht blindes Vertrauen. Schwache Bindungen dagegen schließen ein. Sie verknüpfen entfernte Bekannte und bilden Informationsnetzwerke. Die Verbreitung von Informationen wird deshalb nicht durch starke Bindungen, sondern gerade durch schwache Bindungen gesteigert. Die wichtigste Lektion der Netzwerklogik lautet: Nicht starke, sondern schwache Bindungen machen neue Informationen zugänglich und verbinden verschiedene Gruppen. Das ist das Geheimnis von Geschäftsmodellen wie eBay und von Business-Netzwerken wie Xing.

In einer Netzwerkgesellschaft muss man Soziologe sein, um ein guter Ökonom zu sein. Der entscheidende Mehrwert im 21. Jahrhundert ist der Verknüpfungsmehrwert, der »linking value«. Der Markt als Gespräch – das ist das neue Selbstverständnis der Internet-Wirtschaft. Es geht hier für jeden Kunden um die authentische Stimme eines Mitglieds der eigenen Gemeinschaft. Menschen interessieren sich nämlich vor allem für Menschen, und der Einzelne glaubt am ehesten dem Kollegen, dem Bekannten und dem (Netz-)Nachbarn. Dazu kommt die soziale Lust, Geschichten zu erzählen und in Gespräche zu verwickeln. Menschen versammeln sich um Themen, die sie interessieren, und entfalten eine neue Kommunikationskultur, die man globale Mundpropaganda nennen könnte.

Die Internet-Kultur besteht in erster Linie in der Pflege des Netzwerks selbst, also eines Angebots von Beziehungen und Verknüpfungsmöglichkeiten. Das ist die Bedeutung der Links auf den Websites des Internets. Techniker können das nur mit Mühe begreifen. Denn je technischer ein Sachverhalt ist, desto unwichtiger ist der Kontext. Aber genau um diesen Kontext geht es in den Lebensstilen und Kommunikationsgewohnheiten der Zukunft. Wenn ich also von sozialem Mehrwert spreche, dann ist das ein Hinweis darauf, dass es bei Netzwerken nicht um Besitz, sondern um Zugang geht. Im Internet entsteht Profit durch die Kontrolle des Zugangs. Der Käufer wird Nutzer.

Sozialkapitalismus

Gesellschaftskritiker sind dankbar für große Wirtschaftskrisen wie das Platzen der amerikanischen Immobilienblase im Jahre 2008. Denn dann kann man den Kapitalismus noch einmal als Feind erkennbar machen – als Raubtier oder Monster. Der neoliberale Turbokapitalismus ist aber ein Phantomgegner, an dem lediglich der politische Begriff der sozialen Gerechtigkeit Profil gewinnen soll. In Wahrheit hat sich das Gesicht des Kapitalismus längst zur Unkenntlichkeit gewandelt. Wir haben es nicht nur mit einem Massenkapitalismus der Kleininvestoren und, wie man angesichts der wachsenden Bedeutung der Pensionsfonds zu Recht gesagt hat, einem Kapitalismus ohne Kapitalisten zu tun, sondern auch mit einem prinzipiellen Wechsel vom nehmenden zum gebenden Kapitalismus.

Als der Philosoph Alexandrè Kojève schon 1957 hellsichtig den Begriff »gebender Kapitalismus« in einem Vortrag präsentierte, wurde ihm entgegengehalten, niemand könne geben, ohne zuvor zu nehmen. Der Einwand bleibt natürlich richtig, und auch in Zukunft wird es Altruismus auf wirtschaftlicher Ebene nur geben, wenn er die Fitness eines Unternehmens steigert. Und dennoch hat Kojève etwas Entscheidendes gesehen.

Es geht hier um das Ende des eindimensionalen Kapitalismus, der jedes Geschäft mit der Frage nach der Organisation und dem Profit begonnen hat. Der gebende, der sorgende Kapitalismus – ich nenne ihn Sozialkapitalismus – hat von den Non-Profit- und Non-Governmental-Organizations gelernt, dass man mit einer Mission, einer Vision, der Umwelt, der Gemeinschaft und dem Kunden beginnen muss. Die entscheidende Pointe des Sozialkapitalismus besteht also darin, dass Profit und Non-Profit keinen Gegensatz mehr darstellen, sondern dass Non-Profit als Portal zum neuen Profit verstanden wird. Längst ist der Non-Profit-Sektor der größte amerikanische Arbeitgeber.

Ein neueres amerikanisches Kunstwort, das man nicht ins Deutsche übertragen kann, lautet *Philanthrepreneurship* – also Unternehmertum als Menschenfreundlichkeit. Während sich gerade die Intellektuellen in den vergangenen zwei Jahrhunderten daran gewöhnt hatten, das westliche Wirtschaftssystem mit Entfremdung, Gier und Kälte zu assoziieren – und die Bankenkrise 2008 gab dazu ja wieder ausreichend Gelegenheit –, melden sich in jüngster Zeit immer häufiger die Stimmen eines sich um die Welt sorgenden Kapitalismus. Die wichtigen und zukunftsfähigen Unternehmen arbeiten heute an einem Kapitalismus mit gutem Gewissen. Idealismus verkauft sich nämlich gut. Konsumartikel sollen ethischen Standards entsprechen. Ethik-Marken wie Body Shop stellen sich nicht wie Unternehmen dar, die Waren verkaufen wollen, sondern wie Philosophenschulen, die uns das wahre Leben lehren.

Alles, was hier geschieht, kann man auf einen einfachen gemeinsamen Nenner bringen: Das Politisch-Soziale wird zum Schauplatz des Marketings. Unternehmen adressieren ihre Marken an den »mündigen Bürger« und begreifen sich zunehmend als quasi-politische Institutionen, als Treuhänder der Bildung, ja als Bürgerinitiative. Unternehmen kommunizieren heute nicht nur ihre Produkte, sondern auch ihre Haltungen und Identitäten. Im gemeinnützigen Engagement tritt jede Firma als Großer Bürger auf. Ein erfolgreiches Unternehmen muss ein Gesicht haben. Es geht hier um Kreditwürdigkeit, Ansehen und Vertrauenswürdigkeit. Und die kann ein Unternehmen des 21. Jahrhunderts nur noch gewinnen, wenn es sich erkennbar an der Produktion des sozialen Reichtums beteiligt.

Das betrifft auch das Verhältnis eines Unternehmens zur Konkurrenz. Obwohl es nach wie vor keine Entschuldigung dafür gibt, wenn man keinen Profit macht, muss das heute nicht mehr in den klassischen Formen des Wettbewerbs geschehen. Das hat nichts mit Menschenfreundlichkeit, aber sehr viel mit der Vernetzung der Weltwirtschaft zu tun. Je komplexer nämlich das Wirtschaftssystem ist, desto mehr hängt der eigene Erfolg vom Erfolg des anderen ab. Zusammenarbeit und Wettbewerb sind dann kein Gegensatz, sondern die zwei Seiten derselben Medaille. Der sorgende Kapitalist begreift den Erfolg des anderen als Bedingung des eigenen. Erfolg habe ich demnach nicht durch Schwächung des anderen, sondern durch Stärkung der gegenseitigen Interessen. Erfolg hat, wer mit Erfolgreichen kooperiert.

Ein sorgender Kapitalismus setzt aber voraus, dass die Unternehmen von traditionellen Institutionen (Kirche) und erfolgreichen Organisationen (Greenpeace) lernen, wie man soziale Werte glaubwürdig verkörpert. Es geht heute vor allem um Werte wie Authentizität, Vertrauenswürdigkeit, Reputation, Transparenz, soziale Verantwortlichkeit, Nachhaltigkeit, Teamgeist, Fairness, Respekt, Sorge, Bürgersinn. Ob die organisatorische Verkörperung dieser Werte gelingt, oder nur die Werberhetorik einer ethischen Plakatwelt geboten wird, entscheiden die Kunden als Bürger, die gerade auch im Akt des Konsums zu Werte-Wählern geworden sind.

Der Sozialkapitalismus sorgt sich um die Umwelt. Neben die Profitmaximierung tritt scheinbar gleichberechtigt die Aufgabe des globalen Hüters und Hirten auf dem blauen Planeten. Gemeint ist die mit der Ökologie versöhnte Ökonomie – die Überzeugung, dass wirtschaftliche Entwicklung der beste Umweltschutz ist. Doch die Sorge des gebenden Kapitalismus gilt nicht nur dem ökologischen, sondern auch dem sozialen Gleichgewicht. Er begnügt sich nicht mehr mit Almosen, sondern macht aus der Menschenfreundlichkeit ein Geschäftsmodell. So ersetzt der »Acumen Fund« klassische Entwicklungshilfe durch Vernetzung, Handel und Unterstützung bei der Bildung von Eigentum. Getragen wird das Geschäft mit der Menschenfreundlichkeit vom Online-Engagement jener Bürger, die auf Wandel statt auf Wohltat setzen. Letztlich werden so aus Spendern Aktivisten.

Vorsorgender Sozialstaat

Der Staat bietet traditionell öffentliche Güter und Dienstleistungen an, also Dinge, die der einzelne Kunde nicht auf dem Markt kaufen kann: militärische Verteidigung, polizeiliche Ordnung, Infrastruktur, öffentliche Verkehrsmittel, Umweltschutz, Sicherheitsstandards am Arbeitsplatz. Darüber hinaus sorgt der Staat für die Chancengleichheit der Bürger in den Bereichen Recht, Gesundheit und Bildung. Das ist die eigentliche Ebene der Anerkennung eines jeden Menschen als gleichberechtigten Bürger. Und schließlich gibt es Transferleistungen für die Alten, die Armen und die Arbeitslosen.

Ihre Lebenssicherheit verdanken die meisten Menschen heute nicht mehr in erster Linie dem Gesetz des Rechtsstaates, sondern vor allem der staatlichen Fürsorge des Sozialstaates. Dessen Position ist in den letzten Jahrzehnten immer stärker ausgebaut worden, und er beschränkt sich nicht mehr auf die Fürsorge, sondern bietet Vorsorge. Man kann es auch so sagen: Im vorsorgenden Sozialstaat wird die Daseinsfürsorge präventiv. Es wird geholfen, auch wenn es noch gar keinen Bedarf gibt.

Konkret funktioniert das so, dass die Betreuer und Sozialarbeiter den Fürsorgebedarf durch die Benennung von Defiziten erzeugen.

Das klingt nach Bevormundung, und das ist es auch. Aber eine sinnvolle Kritik des modernen Staates darf es sich heute nicht mehr so leichtmachen, wie es jene Liberalen immer noch tun, die »weniger Staat« fordern. Denn man kann die Bürger der modernen Gesellschaft nicht mehr einfach mit der berühmten Unterscheidung des Soziologen Helmut Schelsky klassifizieren: selbständig oder betreut. Betreuung ist heute nicht mehr das einfache Gegenteil der Selbständigkeit. Modernes Leben steht nämlich unter dem Motto: je freier, desto abhängiger. Um selbst mehr leisten zu können, macht sich heute jeder von fremden Leistungen abhängig. Ich vertraue mich sehenden Auges Dienstleistern, Sekretärinnen und Beratern an, um das, was ich eigentlich kann und tun will, effektiver und souveräner tun zu können. Man verzichtet auf Herrschaft, um besser steuern zu können. Und das gilt eben nicht nur in privaten Zusammenhängen. Die Abhängigkeit von staatlichen Leistungen und die Spielräume der Existenz wachsen miteinander.

Deshalb geht es um das rechte Verständnis des sozialen Rechtsstaates. Wir müssten begreifen, dass das Wort »sozial« selbst keinen juristischen Sinn hat, sondern ein rein politischer Zielbegriff ist, der vor allem auf die Güterverteilung bezogen ist. Der Kern des Rechtsstaates ist die Verfassung, die gewährleistet, der Kern des Sozialstaates ist die Verwaltung, die gewährt. Immer mehr wird der Staat tatsächlich Vater Staat – schützend, versorgend und vorsorgend.

Der Grundgedanke des vorsorgenden Sozialstaates ist folgender: Wenn es um Gesundheit, Bildung und Altersvorsorge geht, hilft es den Menschen nicht, wenn man ihnen eine Fülle von Wahlmöglichkeiten anbietet. Je komplexer die Lage ist, desto wichtiger wird ein benutzerfreundliches Design des Sozialen, das den Bürgern und Kunden in die richtige Richtung hilft. So wird der klassische Wohlfahrtsstaat präventiv. Aus Sorge wird Vorsorge.

Der vorsorgende Vater Staat versteht das Glück der Menschen als universalisierbaren Wert und sieht sich selbst deshalb als Entwicklungshelfer des nach seinem wahren Selbst suchenden Bürgers. In diesem Zusammenhang hat der moderne Staat ein allgemeines Strukturproblem zu lösen: das Paradoxon, dass gerade im wachsenden wirtschaftlichen Wohlstand die kulturelle Frustration wächst. Wir können uns immer mehr leisten, aber es befriedigt immer weniger. Warum? Es geht hier nicht um die natürlichen Grenzen, sondern um die sozialen Grenzen des wirtschaftlichen Wachstums.

Wenn der Lebensstandard steigt, nimmt der Konsum soziale Züge an; das heißt, die Befriedigung, die mir eine Ware oder Dienstleistung verschafft, hängt vom Konsum der anderen ab. Je mehr Leute Auto fahren, umso weniger macht das Autofahren Spaß. Das hat nichts mit der Qualität des Produkts an sich zu tun, sondern mit den Bedingungen seiner Nutzung. An und für sich ist die Idee, am nächsten Wochenende einen Kurzurlaub in Venedig zu machen, großartig; aber Zehntausende haben dieselbe Idee. Jeder kann heute Abend den besten Platz im Restaurant bekommen, aber nicht alle, die heute dort essen gehen. Jeder kann so hart arbeiten und so lange sparen, dass er sich einmal ein frei stehendes Häuschen am Waldrand leisten kann. Aber wenn alle es wollten, gäbe es keine frei stehenden Häuschen am Waldrand mehr. Der amerikanische Wirtschaftswissenschaftler Fred Hirsch hat genau das als soziale Knappheit bezeichnet. Nicht alle können erreichen, was jeder erreichen kann.

Und das ist die anspruchsvollste Aufgabe, der sich der vorsorgende Staat heute stellen muss: sozialen Reichtum durch das Management sozialer Knappheit zu produzieren.

So weit die kurze Charakterisierung meiner vier Grundbegriffe. Sie sollen meine These plausibel machen, dass die Entdeckung des sozialen Reichtums im 21. Jahrhundert einen neuen Geist des Kapitalismus geboren hat. Damit spiele ich natürlich auf Max Webers Studien über Kapitalismus und protestantischen Geist an. Es ist auch nach hundert Jahren noch faszinierend nachzulesen, wie Weber der damals vorherrschenden marxistischen Interpretation des Kapitalismus durch seine Frage nach dem »Geist« Paroli geboten hat.

Wenn man die religiösen Grundlagen des Kapitalismus analysiert, stößt man rasch auf zwei einander widersprechende christliche Botschaften: die perfektionistische Botschaft des Neuen Testaments und die pragmatische Botschaft des Puritanismus. Die perfektionistische Forderung lautet: Verkaufe alles, was du hast, und gib es den Armen. Die pragmatische Forderung lautet: Sei aufrichtig und werde reich. Wer wirklich leben will wie Jesus, muss die große Tugend der Caritas praktizieren. Aber diese Forderung überfordert die meisten Menschen.

Hier hat der Calvinismus einen genialen Ausweg gefunden. Die Puritaner ersetzten die unpraktizierbare große Tugend durch viele kleine Tugenden – nämlich durch harte Arbeit, Mäßigung, Sparsamkeit, Nüchternheit, Pünktlichkeit, Ehrlichkeit, Verlässlichkeit, Familiensinn. All diese kleinen Tugenden steigern die Produktivität und damit den Lebensstandard. Das Christentum der kleinen Tugenden ist also die beste Versicherung gegen Armut. Und umgekehrt kann man Armut nun als Sünde verstehen, verursacht durch die kleinen Laster wie Ungezügeltheit, Faulheit und Unehrlichkeit. Hilf dir selbst, dann hilft dir Gott – so lautete die frohe Botschaft der protestantischen Mittelklasse.

Die Frage nach den religiösen Grundlagen des Kapitalismus zielte also nicht auf theologische Dogmen, sondern auf die vom Glauben bestimmte Lebensführung. In diesem Sinne hat Max Weber in seinen Kapitalismusstudien Religion als System der Lebensregulierung interpretiert. Denn so wie der Rechtsstaat auf Voraussetzungen beruht, die er nicht selbst garantieren kann – das ist das große Thema der Verfassungsrechtler Ernst-Wolfgang Böckenförde und Ernst Forsthoff –, so beruht auch der liberale Kapitalismus auf Voraussetzungen, die er nicht selbst garantieren kann.

Das ist heute die zentrale Einsicht der amerikanischen Kommunitaristen. Und sie ist gar nicht so neu. Schon Vilfredo Paretos Begriff der »Residuen«, Ferdinand Tönnies' Soziologie der »Gemeinschaft« und das Subsidiaritätsprinzip der katholischen Soziallehre haben dasselbe gemeint. Die Kommunitaristen gehen also davon aus, dass der liberale Kapitalismus noch anderes braucht als sich selbst, um zu funktionieren – nämlich vorkapitalistische Potenzen, wie etwa die soziale Steuerung durch die Kontrolle der anderen.

Hier könnte man sehr tief bohren, aber das würde den Rahmen meiner Fragestellung sprengen. Stattdessen beschränke ich mich auf ein prägnantes Schema der fundamentalen Strukturen des sozialen Lebens, das der amerikanische Soziologe Alan Page Fiske entwickelt hat. Betrachten wir zunächst die auf Gleichheit abzielenden Strukturen des sozialen Lebens. Fiske beschreibt zunächst die Welt des kommunalen Teilens, also der Solidarität, Gemeinschaft und Liebe. Wir kennen diese Welt aus der Stammesgemeinschaft, der Gruppe und der Familie. Hier sichert die

Gleichheit der Mitgliedschaft ein stabiles Wir-Gefühl, das sich in den öffentlichen Gütern darstellt. Das ist die Welt des Helfens und Sorgens, in der man ganz selbstverständlich mit den Bedürftigen teilt. Das Motto lautet: »Jedem nach seinen Bedürfnissen.«

Die zweite Sozialstruktur, die die Sehnsucht nach Gleichheit bedient, wird von den streng reziproken Verhältnissen gebildet. Die Menschen sind hier voneinander getrennt, aber gleich. Was man bekommt, entspricht genau dem, was man gibt, und was verteilt wird, wird in genau gleiche Teile geteilt. Überall herrscht die Balance des 1:1, die lateinisch *quid pro quo* und englisch *turn-taking* heißt. Das ist die Welt der Kameraden, der Kollegen, in der jede Person prinzipiell austauschbar ist. Das Motto lautet: »Jetzt bist du dran.«

Quer zu diesen Strukturen der Gemeinschaft und Gleichheit stehen die Strukturen des Marktes und der Rangordnung. Die Marktverhältnisse bringen einen entscheidenden Komplexitätszuwachs. Fiske drückt das einmal so aus, dass die Kameraden nur addieren und subtrahieren können, während man auf dem Markt lernt, zu multiplizieren und zu dividieren. Auf den von Preisen geordneten Märkten entfaltet sich die Rivalität in der produktiven Form der Konkurrenz, Leistung wird belohnt. Auch auf dem Markt herrscht eine Art von Gleichwertigkeit. Aber sie ist vermittelt über das neutrale Medium Geld, in dem alles ausgedrückt werden kann. Jeder, der kompetent und ehrlich ist, darf am Marktgeschehen teilnehmen. Das Motto lautet: »Alles hat seinen Preis.«

Bleibt schließlich die Rangordnung der Autorität. Es handelt sich hier um eine anerkannte Beziehung der Ungleichheit, in der Unterschiede von Status und Prestige, Prominenz und sozialer Bedeutsamkeit zum Ausdruck kommen. Im Gegensatz zum

Zwang der Macht beruht die Rangordnung der Autorität auf der Verehrung durch die Untergeordneten. Der hohe Rang wird gleichsam als Erweiterung des Selbst erlebt. Entsprechend ungleich ist die Aufmerksamkeitsverteilung – der Ranghöhere ist prominent. Und heute geht es in Fragen der Rangordnung auch gar nicht mehr um Befehl und Gehorsam. Denn je mehr die materiellen Lebensbedingungen sich angleichen, desto deutlicher treten die Motivationskräfte Status, Prestige, Anerkennung und Ehre hervor. Genauso wie bei der Liebe und dem Neid geht es hier um nichtökonomische Motive, die der Individualismus der klassischen Wirtschaftswissenschaften unterschätzt. Das Motto lautet hier: »Jedem das Seine.«

Im Kraftfeld dieser Sozialstrukturen leben wir unser alltägliches Leben. Welche Strukturen eine Zeit beherrschen, ist eine historische Frage, deren Beantwortung ganz wesentlich von der Technik, aber auch vom »Geist« einer Gesellschaft bestimmt wird. Der Geist des klassischen Kapitalismus war das Ethos des Bürgertums. Der politische Ökonom Albert O. Hirschman hat gezeigt, wie der Kapitalismus die großartige Kulturleistung erbrachte, die Leidenschaften und ihre Ungewissheiten in den Griff zu bekommen. Im System des kapitalistischen Wirtschaftens wurden die Menschen leidenschaftsloser, trockener und berechenbarer. Man könnte sagen: Sie wurden auf Zivilisationstemperatur gebracht. Der Geist des Kapitalismus entstand durch rationale Abkühlung, also gerade im Gegensatz zur Gier des kapitalistischen Abenteurers. Man kann diese großartige Kulturleistung des Kapitalismus in der Definition zusammenfassen, die Max Weber für den Begriff Verantwortung gefunden hat. Verantwortung verankert Leidenschaft in deren scheinbarem Gegenbegriff: Sachlichkeit.

Das deutsche Wort »Geist« ist eigentlich unübersetzbar.

Aber das heißt nicht, dass seine Relevanz auf unsere Kultur begrenzt wäre. Max Weber hat gezeigt, dass es gerade für das Verständnis des Kapitalismus unverzichtbar ist. Ein asketischer Geist, nämlich der des Calvinismus, hat den modernen Kapitalismus zu einem System aufgebaut, das auch dann noch funktioniert, wenn dieser wieder aus ihm verschwunden ist. Übrig bleibt geronnener Geist – in Ämtern, Institutionen, bürokratischen Organisationen, aber auch in Maschinen und Techniken. Was von dem Geist, der den Kapitalismus einmal aufgebaut hat, also noch übrig bleibt, ist ein stahlhartes Gehäuse der Hörigkeit. Diese starke Metapher findet sich nicht nur in dem berühmten Aufsatz Max Webers über asketischen Protestantismus und den kapitalistischen Geist, sondern auch in seinem Bericht zur Lage der bürgerlichen Demokratie in Russland – und zwar im Blick auf die »deutschen sogenannten ›Wohlfahrtseinrichtungen‹«. O-Ton Max Weber: »Die heutige kapitalistische Wirtschaftsordnung ist ein ungeheurer Kosmos, in den der Einzelne hineingeboren wird und der für ihn, wenigstens als Einzelnen, als faktisch unabänderliches Gehäuse gegeben ist, in dem er zu leben hat.«

Die verzweifelte Suche nach dem verlorenen Geist des Kapitalismus nennt man seither Wirtschaftsethik. Was kann an die Stelle der bürgerlichen Askese treten? Eine poetische Antwort gibt Diotimas Traum in Robert Musils Roman *Der Mann ohne Eigenschaften*: die Vereinigung von Wirtschaft und Seele. Das kann man als Anweisung für eine neue, reife Bürgerlichkeit verstehen. Die Seele sucht ihre Form nicht mehr in der Kunst, sondern im Wirtschaftsleben. Die Prosa der Ökonomen kennt diese Sehnsucht als das Adam-Smith-Problem. Wie kann man die Tatsache erklären, dass der Autor des Grundbuchs der Nationalökonomie über den Reichtum der Nationen auch der Autor einer Theorie der moralischen Gefühle ist? Was haben moralische Gefühle mit Wettbewerb und Gewinnstreben zu tun? Welche Beziehung gibt es zwischen den Leidenschaften und den Interessen, zwischen der Seele und der Wirtschaft? In den folgenden Kapiteln versuche ich, auf diese Fragen eine Antwort zu geben.

Ich will
einen Unterschied machen!
Von der Selbstverwirklichung zur Selbsttranszendierung

Die moderne Wirtschaft braucht eine soziale Software. Diese Betrachtungsweise unterscheidet sich von der des 19. und 20. Jahrhunderts ganz radikal. Im 19. Jahrhundert hat man die Wirtschaft als Ökonomie des Geldes verstanden, die vom Prinzip der Knappheit regiert wird. Im 20. Jahrhunderts entdeckte man die Ökonomie der Aufmerksamkeit, in der die Zeit der kritische Faktor ist. Im 21. Jahrhunderts wird man die moderne Wirtschaft aus der Perspektive einer Ökonomie der Identität begreifen, in der es um Anerkennung geht.

Um das zu verstehen, ist es nötig, einen kurzen Blick auf den westlichen Lebensstil des 20. Jahrhunderts und die Anforderungen der modernen Gesellschaft an den Menschen zu werfen. *We want the world and we want it now* – das war der Jugend- und Revolte-Slogan der 60er Jahre. Und unsere Gesellschaft hat ihn umgesetzt. Seither leben wir in einer Kultur, die Unlust nicht erträgt. Man duldet keinen Aufschub der Befriedigung. Nur das Neue, die letzte Statistik und das heutige Erlebnis zählen. Je weiter etwas in der Zukunft liegt, umso unwichtiger erscheint es uns. *Don't worry, be happy*. Sorge dich nicht! Es geht nur um dein Glück hier und jetzt. Das persönliche, private Glück wird zur letzten Instanz aller Lebensentscheidungen.

Dieser Lebensstil ist eine Reaktion auf die Herausforderungen der modernen Gesellschaft, die sich in einem einfachen Schema darstellen lassen:

- Aus Status wurde Kontrakt.
- Aus Gemeinschaft wurde Gesellschaft.
- Aus Hierarchie wurde Markt.
- Aus Eigentümern wurden Manager.
- Aus dem Staat als Maschine wurde ein Reparaturbetrieb.

Daraus leiten sich alle Anforderungen an den Menschen von heute ab. Erfolgreiche Menschen müssen vor allem die Fähigkeiten der Flexibilität, Mobilität und Erreichbarkeit entwickeln. Sie sollen wissenschaftlich neugierig, unternehmerisch mutig und politisch lernfähig sein. Diesen Erwartungen entspricht das typisch amerikanische Selbstbild: Ich kann alles, ich bin jeder Rolle gewachsen. Ich lebe mein Leben als Selbstversuch.

Wenn diese Beschreibung unserer modernen Lebensbedingungen richtig ist, dann lautet die entscheidende Frage: Was ist wichtig? Wie finde ich mein Lebensthema? Nicht zwischen wichtig und unwichtig unterscheiden zu können ist das Wesen der Dummheit. Vor allem gilt es zu verstehen, dass das, was informativ ist, nicht auch schon wichtig ist – und dass nichts aus sich selbst heraus wichtig ist. Die Sorge produziert die Wichtigkeit – wichtig heißt immer: wichtig für mich. Das Wichtigste ist deshalb, zu verstehen, was einem wichtig ist. Alles, was wir tun, besteht aus riskanten Entscheidungen. Wir müssen uns daher immer zwei Fragen stellen: Was ist richtig? Und: Was ist mir wichtig?

Doch wohlgemerkt: Wichtigkeit heißt nicht Eigeninteresse. Das kann man daran erkennen, dass viele Menschen erfolgreich, aber unzufrieden sind. Wer nur sein Eigeninteresse befriedigt, steigert damit nicht auch sein Selbstwertgefühl. Geschäftlicher Erfolg kann gesellschaftliche Anerkennung nicht ersetzen. Mit anderen Worten: Geschäftlicher Erfolg ist kein Anzeichen dafür, ob es einem Menschen gelungen ist, dem eigenen Leben Sinn und Form zu geben.

In den Ursprungszeiten des Kapitalismus hat man das noch verstanden, denn damals hatte der Einzelne nicht nur Ansprüche, sondern auch Pflichten. So galt für den Puritaner: Pflicht gibt dem Leben Sinn, Lebensführung gibt dem Leben Form. Natürlich können Pflichtbewusstsein und Lebensführung unser Verhalten heute nicht mehr wie in Zeiten des Puritanismus bestimmen. Aber was dann? Menschen haben kein Biogramm, das heißt, sie sind im Gegensatz zu den Tieren nicht in die Welt eingepasst. Und deshalb brauchen sie Identitätsformeln. Wer bist du? Um diese Frage zu beantworten, versuche ich heute nicht mehr, dich kennenzulernen, sondern gebe deinen Namen bei Google ein; ich google deine Identität. Hier erweist sich der Einzelne als ein Konstrukt der Datenbanken, eine Datenspur im Netz.

Wer bin ich? Diese Frage beantworte ich natürlich ganz anders als du. Jeder Einzelne muss sich eine Lebensrolle definieren. Der Mensch ist nicht einfach mit sich selbst identisch, er muss seine Identität erst leisten. Jede Identität entsteht in dem Versuch, Chaos zu kontrollieren. Ein einfaches Beispiel: Wenn man morgens aufwacht, rekonstruiert man die eigene Identität. Wo bin ich gerade? Im Hotel. Und warum? Dieses private Chaos wird noch durch das soziale Chaos gesteigert, das durch die Kontrollversuche der anderen entsteht. Es gibt in unserem Alltag zwar keinen Kampf auf Leben und Tod und auch keinen Klassenkampf mehr, wohl aber Kontrollkämpfe. Jede Selbstbehauptung ist ein solcher Kontrollkampf, der sich in Geschichten darstellt. Wer bin ich, wer bist du, und wie ist die Lage? Darüber entscheiden die Geschichten, auf die wir uns einigen.

Alle diese Erzählungen beschreiben Verknüpfungen in Netzwerken. Im Medium der Geschichten werden die Wunderlichkeiten unserer Identitäten zur Person normalisiert. Den klassischen Fall stellt natürlich der Lebenslauf dar: Der Mann ist seine Geschichte. Die Frau ist ihre Geschichte. Wer etwa im Rahmen einer Bewerbung seinen Lebenslauf verfasst, weiß natürlich, dass er nicht frei fantasieren kann; der Lebenslauf muss glaubwürdig sein und darf keinen Widerspruch finden. Und dennoch: Jeder Lebenslauf ist ein Drehbuch, das man schreibt. Und das gilt für die Identitätsbildung überhaupt: Man kann nur leben, wenn man sich eine Rolle definiert.

Es ist deshalb ein Missverständnis zu glauben, der echte Mensch wäre hinter der Maske. Das Selbst ist der dramatische Effekt des Alltagstheaters. Man spielt die Rolle, man selbst zu sein. Und diese Selbstdarstellung ist die Grundlage des sozialen Vertrauens. Persönlichkeit ist eine ununterbrochene Reihe erfolgreicher Gesten, hat der Dichter Scott F. Fitzgerald einmal gesagt. Und das bedeutet, dass die Würde des Menschen, die ja »unantastbar« sein soll, das Resultat seiner gelungenen Selbstdarstellung ist.

Die aktuellste Form dieser Selbstdarstellung zeigt uns das Internet mit YouTube: *Broadcast yourself.* Internet-Portale wie YouTube, StudiVZ und MySpace zeigen uns reine Formen einer öffentlichen Zurschaustellung von Identität. Statt das »wahre« Selbst zu entdecken, geht es darum, ein interessantes Selbst zu erschaffen. Anprobieren – das macht man heute nicht mehr nur mit Kleidern, sondern auch mit Lebensstilen und Weltanschauungen. Viele, vor allem junge Menschen, die mit dem Internet aufgewachsen sind und es als eine zweite Natur erfahren, können mit unseren klassischen Begriffen von Privatsphäre und Intimität gar nichts mehr anfangen. »Deutschland sucht den Superstar« und andere Castingshows im Fernsehen, YouTube und MySpace signalisieren Exhibitionismus und Voyeurismus als neuen Megatrend.

Doch was steckt dahinter? Die Internet-Kids reagieren unbewusst auf die neuen Anforderungen der modernen Gesellschaft. Ob du einen Job bekommst, hängt in Zukunft vielleicht weniger von deinem Bewerbungsschreiben als von den Datenspuren ab, die du im Netz hinterlässt. Der Arbeitsmarkt wird im 21. Jahrhundert zum Persönlichkeitsmarkt. Die Arbeit des 21. Jahrhunderts findet gleichsam auf einer Bühne statt, und Selbstmarketing ist heute die Bedingung für geschäftlichen Erfolg. Verkauf deine Identität! Mach dich selbst zur Marke!

Muster und Drehbücher dafür beziehen die Jugendlichen heute vor allem aus der Welt der Stars und Prominenten. Wie das funktioniert, kann man sich an der Doppeldeutigkeit des Begriffs »Markenpersönlichkeit« klarmachen. Ursprünglich war damit ja gemeint, dass es dem Marketing gelingen sollte, einem Produkt die Prägnanz und Ausstrahlungskraft einer Persönlichkeit zu verleihen. Doch heute gilt auch das Umgekehrte: »Personal Brands« sind Menschen, die von erfolgreichen Markenprodukten gelernt haben, wie man Kunden fasziniert.

Diese Gestaltungen finden auf der anderen Seite der Vernunft statt, nämlich im Medium der Geschichten, Werte und Gefühle. Gute Geschichten erzeugen einen Gefühlszusammenhang, in dem man sich verorten kann. Oder noch einfacher gesagt: Gefühle sind der Kitt, der die Persönlichkeit eines Menschen zusammenhält. Das Selbst wird sein eigener Gefühlsmanager. Und wer diese Arbeit am Gefühl nicht selbst leisten kann, muss sich eine neue Dienstleistung kaufen: das »Persönlichkeits-coaching«.

Wir haben gerade vom Medium der Geschichten, Werte und Gefühle gesprochen. Gemeint ist, dass Geschichten einen Ge-fühlszusammenhang herstellen und dass Werte Geschichten miteinander verknüpfen. Das Leben eines Menschen ist die Er-forschung eines Wertefeldes. Noch wichtiger als zu bekommen, was wir uns wünschen, ist, herauszufinden, was wir uns wirk-lich wünschen. Und wichtiger als die eigenen Vorlieben ist das, was man glaubt, wünschen zu sollen. Deshalb singt schon Papa-geno in der »Zauberflöte«: »Ich möchte – ich wünschte – ja was denn?«

Wünsche und Vorlieben entstehen nicht aus der Seele oder aus dem Bauch, sondern aus der sozialen Situation. Diese Wün-sche können zwei extreme Formen annehmen, nämlich erstens: Ich will anders sein als die anderen. Dieser Wunsch wird von der Mode erfolgreich bedient. Und zweitens: Ich will anders sein, als ich selbst bin. Das ist ein Wunsch zweiter Ordnung. Und hier lohnt es sich, genauer hinzuschauen. Wunsch zweiter Ordnung heißt: Ich will andere Wünsche haben. Das ist die Dimension, die Philosophen meinen, wenn sie von Willensfreiheit reden. Ich habe einen freien Willen, wenn ich in der Lage bin, gegen den Strich der eigenen Vorlieben zu wählen.

In allen Prozessen der Bildung und Erziehung geht es im Kern um die Änderung von Vorlieben. Das ist möglich, weil Menschen sich selbst bewerten und deshalb Wünsche nach an-deren Wünschen ausbilden. Und genau das soll der von dem amerikanischen Philosophen Harry G. Frankfurt eingeführte Begriff der Wünsche zweiter Ordnung ausdrücken: dass wir die Möglichkeit haben, unsere Wünsche zu korrigieren, nämlich im Blick darauf, was wirklich nottut. Dabei kann man durchaus auch die Erfahrung machen, dass das Begehren von etwas, das es wert ist, begehrt zu werden, aber unerreichbar ist, wertvoller ist als die Befriedigung eines einfachen Begehrens.

Jeder, der sich für Wirtschaft interessiert, kennt Abraham Maslows Bedürfnishierarchie; und jeder, der sich für Philosophie interessiert, kennt Max Schelers Stufenordnung der Werte. Beide Schemata besagen dasselbe: Der Mensch klettert auf der Leiter des Konsums vom Nützlichen zum Heiligen, von der Befriedigung fundamentaler Bedürfnisse zum spirituellen Mehrwert. Diese Beobachtungen sind richtig, aber weder Scheler noch Maslow können erklären, wie sich dabei die Identität des Menschen verändert.

Ich schlage hier ein Dreistufenmodell vor: Bedürfnis – Wunsch – Begehren nach Anerkennung. Das Bedürfnis ist das Thema der Ökonomie, der Wunsch ist das Thema der Psychologie, und das Begehren nach Anerkennung ist das Thema der Soziologie. Bedürfnisse entstehen aus einem Mangel, und man kann deshalb immer klar sagen, was einem fehlt. Das ermöglicht das Bild des »Homo oeconomicus«, der den Markt betritt, die Angebote prüft und eine rationale Kosten-Nutzen-Kalkulation anstellt. Am Ende hat er ein Produkt gekauft, das sein Bedürfnis befriedigt. Das ist das klassische Bild der Wirtschaft als System der Bedürfnisse.

Wünsche haben eine ganz andere Logik. Man kann nie genau sagen, was man sich zutiefst wünscht, denn Wünsche sind unbewusst – und unerfüllbar. Dass Wünsche unbewusst sind, heißt, dass man sie nicht rational kontrollieren kann. Ich bin nicht Herr meiner Wünsche. Und dass Wünsche unerfüllbar sind, heißt, dass es kein Ende des Konsumierens gibt. Denn immer dann, wenn ich das bekomme, was ich mir gewünscht habe, stellt sich die Melancholie der Erfüllung ein, also das Gefühl

»Das ist es doch nicht!«. Deshalb muss ich es mit dem nächsten Auto, der nächsten Reise, der nächsten Frau versuchen. Das ist das Szenario der Wunschökonomie einer Wohlstandgesellschaft.

Dass Wünsche unerfüllbar sind, liegt daran, dass sie nur Stellvertreter eines Begehrens sind, das unser ganzes Leben beherrscht: das Begehren nach Anerkennung. Ansehen ist der reinste Wert. Wir sind eben durch und durch soziale Wesen und brauchen die Anerkennung der anderen wie die Luft zum Atmen. Anerkannt wird heute aber nicht unser Wohlstand, sondern unser Lebensstil. Was uns in den Augen der anderen Würde und Wert verleiht, ist nicht der Lebensstandard, sondern die Lebensführung. Doch Lebensführung setzt genau jene Prinzipien voraus, die man in der Protestkultur der 68er gerne als Sekundärtugenden verspottete. Heute zählt wieder Charakter, und der ist das Resultat von Selbstdisziplin.

Dieser Dreischritt von den Bedürfnissen über die Wünsche zum Begehren nach Anerkennung dürfen wir nicht mit »Selbstverwirklichung« verwechseln. Die meisten haben diese Formel als das Versprechen einer Identität ohne Selbstdisziplin verstanden. Dieses Programm der Selbstverwirklichung hat uns in die Sackgassen des Ich geführt. Wir haben dort nur gelernt, uns hilflos und als Opfer zu fühlen. Es geht stattdessen um die Eroberung des guten Lebens, um den »ganzen Menschen«. Es geht um die Einheit von Körper, Geist und Seele in Gesundheit, Arbeit und Glauben.

Entsprechend haben sich die Erwartungen der Kunden in den letzten Jahrzehnten dramatisch verändert. Früher ging es um klar benennbare Bedürfnisse, und der Kunde forderte: Befriedige mich! Als alle Bedürfnisse auf Dauer befriedigt waren, forderte der Kunde: Verführe mich! Damit öffnete sich die Welt der Wunschökonomie, die der kapitalistischen Wirtschaft scheinbar eine Unendlichkeitsgarantie ausstellt – denn wo sollte die Wunschspirale enden? Historisch gilt das von den Babyboomern bis zu den Yuppies. Diesen Übergang vom System der Bedürfnisse zur Wunschökonomie kann man so schematisieren: Erst sucht der Kunde Waren, und der Markt informiert. Dann sucht die Ware Kunden, und der Markt verführt. Heute aber wird der Kunde von Wünschen zweiter Ordnung bestimmt und fordert: Verändere mich! Der Kunde selbst ist das Produkt – wie bei der Erziehung und in der Therapie.

Über Bedürfnisse kann man sich Rechenschaft ablegen. Man weiß, was man braucht, und kann die Angebote des Marktes, also das Preis-Leistungs-Verhältnis, rational kalkulieren. Bedürfnisse kann man befriedigen. Wünsche dagegen sind, wie gesagt, unbewusst und unerfüllbar. Niemand weiß wirklich, was er sich wünscht. Und wer glaubt, den Markt der Zukunft erforschen zu können, indem er Kunden fragt, was sie sich wünschen, ist ein Narr.

Die tiefsten Wünsche können nicht erfüllt werden. Wir bekommen immer etwas *stattdessen*. Deshalb kaufen sich Menschen Dinge und Leistungen, die sie gar nicht brauchen. *I can't get no satisfaction* – das ist das ganze Geheimnis des Begehrens. Mit anderen Worten: Das Begehren des Menschen zielt immer auf etwas, das nicht benennbar ist. Und deshalb muss man kaufen und kaufen und kaufen. Geschmack, Wünsche und Vorlieben entstehen nicht im Einzelnen, sondern aus der sozialen Situation. Die anderen zeigen ihm sein Begehren. Die Frage »Was will der Kunde?« führt deshalb in eine Sackgasse.

Man wählt nicht das Objekt, sondern den Wunsch des anderen, das Wünschenswerte. So funktioniert die Frage »Was ist in?« wie ein Kompass auf den sozialen Märkten des Ansehens und Status. Dieser Markt der Eliten existiert aber immer nur für kurze Zeit. Und diese Verkürzung der Zeit des »in«-Seins wirkt wie ein Vergrößerungsglas für die feinen Unterschiede der Marken.

Wichtiger als alle tatsächlichen Vorlieben ist das, was man glaubt, wünschen zu sollen. Ein solcher Wunsch zweiter Ordnung ist eigentlich ein Wunsch nach einem neuen Wunsch. Was muss das für ein Gefühl sein, allein und ohne Sauerstoffgerät auf den K2 zu kraxeln! Hätte ich einen Kreativitätsschub, wenn ich koksen würde? Selbstverwirklichung durch ein Designstudium – oder Transzendentale Meditation? Es geht hier in erster Linie um das Wünschen, nicht um die Wunscherfüllung.

Wer derart anders sein will, als er ist, hat also nicht den Wunsch nach etwas Bestimmtem, sondern – nach einem Wunsch. Jedes Kind kennt die Geschichte von dem, der drei Wünsche frei hatte. In dieser Erzählung geht es im Kern um den Wunsch, bessere Wünsche zu wünschen. Und die Werbung erzählt solche Geschichten, die den Wunsch nach besseren Wünschen wecken, für Erwachsene. Für die vielen, denen die Werbewelt selbst schon lebbare Wirklichkeit geworden ist, gilt dann: Das Beste am Leben sind die Geschichten über das Beste am Leben.

Es gibt also nicht nur Wünsche, sondern auch Wünsche nach anderen Wünschen – weil Menschen sich selbst bewerten. An diesem Sachverhalt der Selbstbewertung scheitert jeder klassische ökonomische Ansatz. Denn die Ökonomie nimmt Zwecke als gegeben an; sie ignoriert das Nachdenken über Zwecke. Insofern können wir sagen: Die Wünsche zweiter Ordnung sprengen den Rahmen der Betriebswirtschaftslehre.

Es macht den Kernbestand des modernen Selbst aus, dass es sich in seinen Konsumchancen selbst bewertet und dabei Wünsche zweiter Ordnung ausbildet. Deshalb entscheidet nicht ein philosophisches Oberseminar, sondern jeder Einzelne selbst darüber, was Individualität ist. Er tritt mit dem Anspruch der Eigenrichtigkeit auf. Und so kann auch nur der Einzelne selbst entscheiden, was ihm Nutzen und Wohlbefinden bringt. Der Konsum ist heute das Medium einer Kultur des Selbst.

Im System des Konsumismus inszeniert sich der Kunde selbst und erfindet seine Identität. Der Wunsch »Verändere mich!« führt dabei nicht unbedingt zu einer wirklichen Veränderung; es geht vor allem darum, das Anderssein zu schmecken. Mit anderen Worten: Ich kann mich vielleicht nicht ändern, aber umerzählen. Es ist deshalb die wesentliche Aufgabe des Marketings und der Werbung, Formulierungshilfen bei der Eigenkonstruktion von Geschichten zu geben.

Je höher der Kunde auf Abraham Maslows Bedürfnispyramide steigt, desto instabiler werden die Wünsche. Deshalb wird vor allem jener Anbieter Erfolg auf den Märkten der Zukunft haben, der Wünsche ändert – statt sie temporär zu befriedigen. Wichtiger als die Bedürfnisbefriedigung wird das Experiment mit den Wünschen. Der Vorrang des Experiments vor der Befriedigung schließt aber Genuss nicht aus. Man kann natürlich ganz einfach Produkte und Dienstleistungen genießen, ein Bier etwa oder eine Massage – das ist trivial. Gebildete haben darüber hinaus von den Romantikern gelernt, dass man den Genuss selbst genießen kann. Ungebildete lernen durch Weight Watchers und Low-Fat-Produkte, dass man das Genießen kontrollieren kann. Und die Logik der Wünsche zweiter Ordnung ermöglicht es schließlich, dass man die Kontrolle des Genießens genießt.

Der Aufstieg auf Maslows Bedürfnispyramide führt also recht rasch in Gebiete des nichttrivialen Konsums. Wer heute das Interesse der Kunden gewinnen will, muss seinen Produkten einen spirituellen Mehrwert verleihen. Das zeigt, dass wir in einem postökonomischen Zeitalter leben. Jetzt muss man Dinge verkaufen, die eigentlich unsichtbar sind. Die Kunden erwarten heute vom Markt, was sie sich früher von der Kunst und der Religion erhofft haben. Shopping ist die Erziehung des Gefühls für die Welt des 21. Jahrhunderts. Man lernt, was »in« ist, und erkundet ein Wertefeld. Wir gehen einkaufen, um herauszufinden, was wir wollen. Und wenn man wählt, entdeckt man ein Ziel.

So gibt es heute Limonade für eine bessere Welt und ein Bier, durch dessen Konsum man den Regenwald rettet. Naturschutz ist der mittlerweile weltweit etablierte Kult der »Grünen«, die uns lehren wollen, die Schöpfung zu bewahren, statt auf die Erlösung zu hoffen. Das ist der Weg zur Religion der Einfachheit, die Reinheit und Orientierung verspricht. Es handelt sich hier um ein neues Glaubensangebot für die gebildete Mittelklasse, in dem man bei Bedarf auch Technikfeindlichkeit, Antikapitalismus und Aktionismus unterbringen kann.

Hausmüll trennen, Wasser sparen, auf Plastiktüten verzichten, das Hotelhandtuch mehrfach benutzen – man tut etwas für die Umwelt. Das hilft vielleicht nicht der Natur, aber in jedem Fall der Seele. Das Bild vom blauen Planeten ist wohl das am häufigsten reproduzierte Bild der Fotografiegeschichte. Die ikonische Qualität der aus dem Weltraum gesehenen Erde hat der Öko-Religion eine unvergleichliche Aura verschafft. Dieses Bild steht für die Heiligkeit der Erde und die große Rückwendung des menschlichen Interesses von der Vermessung des Unermesslichen zur Sorge um die eigene Endlichkeit.

Nach der ökologischen Sorge um die Natur »da draußen« kümmern wir uns nun auch um die Natur in uns selbst. Im Gegensatz zu anderen Gütern ist der eigene Körper unersetzlich. Hier funktioniert das Wegwerfsystem definitiv nicht. Ähnlich wie Bildung und Gerechtigkeit ist Gesundheit etwas »wahnsinnig Wichtiges«, von dem aber niemand genau weiß, was es ist. Hinter der Sorge für die Gesundheit steckt eigentlich die Suche nach dem Heil. LOHAS lautet seine Abkürzung. Sie signalisiert den wahren Luxus des 21. Jahrhunderts: Lifestyle of Health and Sustainability. Hier geht es um den spirituellen Mehrwert der persönlichen Aufmerksamkeit.

Unsere Kultur der virtuellen Räume im Internet ist zugleich auch eine Kultur des Körperkults. Es gibt hier einen engen Zusammenhang zwischen Medizin, Schönheitschirurgie, Gentechnik, Diät, Fitness, Wellness und Kosmetik. Alle arbeiten an einer Optimierung des Körpers, alle versprechen Gesundheit und Schönheit. Wer seinen Körper heute intensiv pflegt, macht ihn zum Zentrum eines Kults, zum Schauplatz des Lebenssinns. Deshalb wird Kosmetik in Kulttempeln verkauft. Dort werden nicht Chemie oder Biologie angeboten, sondern heilige Essenzen. Und weil es bei Kosmetik vor allem um diesen spirituellen Mehrwert geht, kann man für Kultmarken auch viel Geld verlangen. Übrigens nicht nur von Frauen. Neuerdings rasieren sich Männer die Brusthaare und suchen nach Körpercreme, die zu ihrem Hauttyp passt.

Immer mehr wächst die Angst um den eigenen Körper. Bei allem, was man isst und einatmet, bei jeder Strahlung, der man sich aussetzt, mahnt ein Experte zur Vorsicht. Wir können deshalb vermuten: An der Grenze zwischen Körper und feindlicher Welt werden die Geschäfte der Zukunft gemacht. So hat Anita Roddick schon vor Jahren ihre Leidenschaft für Erziehung und die Sorge um den Kunden als Geheimnis von »Body Shop« enthüllt. Der Kunde wird zur Sorge um sich erzogen.

Bei dieser Sorge um den eigenen Körper geht es nicht nur um Gesundheit, sondern auch um Schönheit, die Spiritualität für die Sinne. Im Kampf um Anerkennung wird Schönheit in Zukunft eine immer wichtigere Rolle spielen. Welche Sprengkraft in dem Megatrend Beauty steckt, wird deutlich, wenn man erkennt, dass Schönheit die Ungerechtigkeit der Natur ist. Schönheit kann man nicht umverteilen. Deshalb kämpft die politische Korrektheit heute gegen das Schönheitsvorurteil. Doch dieses Vorurteil für die Schönen wird in Zukunft immer mächtiger werden. Das gilt schon aus ökonomischen Gründen, denn Schönheit signalisiert Fitness.

Der Körper ist heute das überzeugendste Bild der eigenen Identität. Deshalb wird der Designerbody zum Statussymbol. Hier gilt die Gleichung Selbstwertgefühl = Ansehen = Aussehen. Ansehen heißt ja: wie man gesehen wird. Ansehen und Aussehen fallen zusammen im Sich-sehen-lassen-Können. Konkreter als in der Sorge um die Schönheit des eigenen Körpers lässt sich das Begehren nach Anerkennung nicht fassen. Das Aussehen bestimmt das Ansehen.

Die Amerikaner sprechen in diesem Zusammenhang von *self-fashioning*. Gemeint ist damit, dass Existenzfragen heute ästhetisch behandelt werden. Das Leben wird zum Stoff eines Kunstwerks. Es ist ein permanenter Selbstversuch, der den Konsum als hohe Kunst betrachtet. Viele dieser Konsumfähigkeiten muss man übrigens erlernen: etwa Lesen, Tennis, Surfen, Austern essen. Die verlorenen bürgerlichen Umgangsformen werden ersetzt durch ein Training des Konsumentengeschmacks.

Das Ziel des Einzelnen ist paradoxerweise das aller anderen – nämlich anders zu sein als alle andern. So muss das Kopieren als Weg zur Einzigartigkeit gelebt werden. Doch was auch immer der Einzelne entscheidet – die anderen sind schon da. Sei es, dass ich anders sein will als die anderen. Sei es, dass die anderen dasselbe wollen wie ich: eben Individuen sein. In unserer Gesellschaft herrscht der soziale Rollenzwang, unverwechselbar zu sein.

Es ist also nicht so, dass die Globalisierung der westlichen Lebensformen nivellierend wirken würde. Im Gegenteil: Die Globalisierung fördert die Individualisierung. Das eigentliche Problem der Selbstverwirklichung – das hat der Philosoph Hermann Lübbe genau gesehen – liegt vielmehr darin, Freiheit in Sinn zu verwandeln. Autonomie ist heute Selbstprogrammierung. Es geht um die Aufgabe, sich selbst zu verwirklichen, indem man sich selbst zu Aufgaben herausfordert, die man selbst bestimmt.

Der gute Sinn des Begriffs der Selbstverwirklichung liegt darin, dass er unterscheidet zwischen Menschen, die einfach nur leben, und Menschen, die ihr Leben führen. Für eine bewusste Lebensführung ist aber wesentlich, was man wollen muss. Erkenne dich selbst! Diese klassische Forderung stellt mich vor die Frage, an welchen Ideen und Werten ich mein Leben orientieren soll. Ich habe die Pflicht, mein besseres Selbst zu kultivieren. Das, was ich liebe, stellt Ansprüche an mich, denen ich entsprechen muss.

Es kommt hier alles darauf an, Selbstverwirklichung als Bewährung von einem leistungsunabhängigen Selbstwertgefühl zu unterscheiden. Nichts ist wichtiger für unsere Gesellschaft als die Sicherung des Selbstwertgefühls ihrer Bürger. Entscheidend für das Selbstwertgefühl eines Menschen ist es, dass er mindestens einer Interessengemeinschaft angehört, die seine Anstrengungen würdigt. Das ist die Demokratie der Wertschätzung in einer wohlgeordneten Gesellschaft. Sie bietet allen eine schwache Form der Anerkennung und des Respekts.

Bei der Selbstverwirklichung als Bewährung werden Distinktion und Exzellenz zu den wichtigsten Quellen der Befriedigung, und das wichtigste Motiv meines Handelns besteht darin, etwas zu tun, worauf die anderen angemessen reagieren: Ich will einen Unterschied machen, der für andere zählt. Das wahrhaft gute Leben fordert Selbsttranszendenz. Mit anderen Worten: Freiheit heißt für mich zu tun, was nottut. Daraus folgt ein weiteres Paradox: Solange man noch die Wahl hat, ist man nicht frei. Wahlfreiheit ist nur die Freiheit der Unfreien. Charakter dagegen entsteht durch den freien Verzicht auf Möglichkeiten.

Selbsttranszendenz heißt konkret, sich von einer Aufgabe konsumieren zu lassen. Früher nannte man das Pflichterfüllung. Pflichterfüllung als Lebensform bedeutet: Die Welt ist unsicher, aber die Seele ist fest. Dass das möglich ist, verdanken wir der Kraft des Glaubens. Welche unverzichtbare Funktion er für den Menschen hat, wird deutlich, wenn man sich klarmacht, dass Menschen nicht wie Tiere von Instinkten geleitet in ihrer Umwelt leben. Menschen leben vom Glauben geleitet in ihrem Sinn. Deshalb haben die Menschen das Bedürfnis nach einer transzendenten Verankerung des Lebens. Die Kraft des Glaubens liegt darin, dass er zugleich Weltentwurf und Handlungsanweisung ist.

Als der Beruf noch Berufung war, konnte man die Arbeit als Königsweg zum Heil verstehen. Sobald der Beruf aber nur noch ein Job ist, hört er auf, das »Rückgrat des Lebens« (Nietzsche) zu sein. Angesichts dessen kann man resignieren und Gewerkschaftler oder Beamter werden. Oder man verfolgt eine Strategie der Vorwärtsverteidigung und macht aus dem Geschäft einen Lebensstil. Es gibt dann keinen Unterschied mehr zwischen Arbeitszeit und Freizeit. Der amerikanische Dichter Donald Hall hat in diesem Zusammenhang vom Paradies der Arbeit gesprochen.

Paradies der Arbeit – das ist eine wunderbare Paradoxie, denn bisher war Arbeit ja die Strafe der Vertreibung aus dem Paradies. Der Workaholic zeigt aber, dass es im Paradies der Arbeit nicht um Bedürfnisse und Routinen geht, sondern um Tätigkeit, die Spaß macht. Und so ungerecht wie die Natur in Sachen Schönheit ist, so ungerecht ist unsere Gesellschaft in Sachen Arbeit: Je mehr Spaß sie macht, umso besser wird sie bezahlt. Natürlich gibt es nach wie vor gravierende Unterschiede in der Bewertung von Erwerbsarbeit, Hausarbeit und Bürgerarbeit. Aber es wird doch immer deutlicher, dass die Menschen im 21. Jahrhundert Befriedigung nicht nur im Konsum, sondern vor allem auch in der Arbeit suchen.

Die Arbeit des 21. Jahrhunderts befreit sich vom Arbeitsplatz. Die traditionelle Welt des Büros war rational, stabil und verlässlich, aber eben deshalb auch unflexibel und innovationsfeindlich. Die Gegenposition markiert der »Teleworker«, der sagt: Mein Büro ist, wo mein Internet-Anschluss ist. Mit Beginn der Moderne spalteten sich Arbeit und Heim. Büro hieß bisher: Trennung von Leben und Arbeit, Aktenförmigkeit. Früher ging man ins Büro. Heute ist das oft gar nicht mehr nötig: Man loggt sich ins Netz ein. Ob es das Notebook im Flugzeug oder das Handy im Intercity-Großraumwagen ist – aus dem Nichts entsteht das mobile Büro für eine Person, und der Rest der Welt versinkt. Designwunder wie das iPhone zeigen, wohin die Reise geht: Telefon, Computer, Internet-Anschluss – man trägt das Büro in der Hand.

Aber nicht nur die technische Infrastruktur der Arbeit hat sich dramatisch verändert, sondern auch das, was Marxisten früher als die »Ware Arbeitskraft« bezeichnet haben. Der Arbeitsmarkt wird im 21. Jahrhundert zum Persönlichkeitsmarkt. Und das gilt aus der Perspektive des Arbeitgebers genauso wie aus der Perspektive des Arbeitnehmers oder des selbständigen Einzelnen. So spricht man heute von »Humandesign«, wenn es um die Kriterien bei der Auslese von Führungskräften geht. Und auf der anderen Seite sucht man nach Möglichkeiten, die eigene Arbeit zu »signieren« wie ein Maler sein Werk. Die Arbeit findet gleichsam auf einer Bühne statt, und Selbstmarketing ist heute die Bedingung für geschäftlichen Erfolg. Das kann und muss man von den Celebrities der Unterhaltungsbranche lernen.

Vor Jahrzehnten hat der Soziologe Erving Goffman mit dem Buch *Wir alle spielen Theater* einen Bestseller gelandet. Was darin über die Darstellung des Selbst im Alltagsleben steht, ist auch heute noch aktuell. Doch wir haben seither einen weiteren Schritt im Kampf um Aufmerksamkeit gemacht. Erst wurde das Selbst im Alltag präsentiert, und nun wird es auf dem Persönlichkeitsmarkt verkauft. Selbstmarketing ist eine Kunst, die heute schon die auf der digitalen Welle surfenden Jugendlichen lernen. Soziale Netzwerke im Internet, die ich im nächsten Kapitel ausführlich darstellen werde, dienen nicht nur zur Kommunikation, sondern auch zur Positionierung. Und das kann über Erfolg und Misserfolg im Berufsleben entscheiden. Die Kunst des Selbstmarketings besteht darin, aus sich selbst eine Marke zu machen. So emanzipiert sich der Politiker von seiner Partei, der Professor von seiner Universität, der Journalist von seiner Zeitung und der Fußballspieler von seiner Mannschaft. Deshalb werden Headhunter, Talentscouts und andere Experten der Star-Suche immer wichtiger.

Das Paradies der Arbeit – das ist die Welt der Produktivkraft Kommunikation, in der Kreativität und Mobilität belohnt werden. Von der eigenen, selbstbestimmten Arbeit absorbiert zu sein ist ein Glücksgefühl, das zunächst einmal vor allem von der digitalen Boheme ausgekostet wird. Doch es gibt deutliche Anzeichen dafür, dass dieses Paradies im 21. Jahrhundert nicht nur den Singles und Workaholics vorbehalten bleibt. Familienwerte haben heute wieder Konjunktur. Und deshalb wird einer der wichtigsten Mechanismen zur Produktion von sozialem Reichtum gerade darin bestehen, eine Balance zu schaffen zwischen einer Arbeit, die Spaß macht, und dem guten Leben in der Familie. Die Erfolgreichen des 21. Jahrhunderts werden das Familiäre als Ressource entdecken; das Familienleben nicht als Idyll, sondern als kooperativen Konflikt; die Familie als Ort der Konvergenz all der gesellschaftlichen Rollen, die man zu spielen hat. Die Ehe besteht ja selbst aus zwei aufeinander abgestimmten Rollen. Es geht hier nicht ums Gewinnen, sondern um die Aufrechterhaltung der wechselseitigen Anteilnahme.

Die Familie ist der wunderbare Ort, an dem das Prinzip der persönlichen Vorteilsmaximierung ausgeschaltet ist. Und gerade weil ich im nächsten Kapitel sehr ausführlich über die Stärke der schwachen Bindungen in sozialen Netzwerken sprechen werde, will ich hier besonders unterstreichen: Die Familie ist die Welt der starken Bindungen. Und deshalb kann jede Familie auch eine Welt der akzeptablen Ungleichheit sein. Es werden hier prinzipiell ungleiche Opfer gebracht. Kinder aufzuziehen und eine Ehe zu führen »bis dass der Tod euch scheide«, erfordert aus der Perspektive einer Kosten-Nutzen-Kalkulation irrationale Opfer. Die größten Vorteile starker Familienbindungen kommen nämlich meist nicht denen zugute, die die größten Verpflichtungen auf sich nehmen.

Familien produzieren Gefühle. Kinder sind, ökonomisch betrachtet, dauerhafte Konsumgüter, die psychische Befriedigung verschaffen. Es gibt in unserem Leben eine Menge derartiger Güter, die in den Berechnungen des Bruttosozialprodukts nicht auftauchen, zum Beispiel Zahl und Qualität der Kinder, aber auch sexuelle Befriedigung, Liebe und Gespräche in der Partnerschaft. Das Faszinierende dieser Familiengüter besteht darin, dass man sie konsumieren kann, ohne damit anderen Haushaltsmitgliedern etwas wegzunehmen.

In der Liebe hat man nicht nur den Nutzen des eigenen Konsums, sondern spiegelbildlich auch den des Partners, gewissermaßen Freude an der Freude des anderen. Liebe heißt ökonomisch betrachtet, dass mir der Konsum, den mein Partner vollzieht, genau so viel Nutzen bringt wie der eigene. Intimität, die Wertbindung der Ehe und gegenseitige Unterstützung bringen beiden Partnern Gefühlsdividenden. Die Rollen als Ehepartner und Eltern sind Quellen der Selbstwertschätzung; sie bieten Belohnung, Status und Chancen der Flucht aus dem Stress des öffentlichen Lebens. Es geht hier um den unvergleichlichen Mehrwert des Familienlebens: die Lizenz zum Sichgehenlassen und das Genießen einer nicht begründungsbedürftigen Existenz. Das Zuhause ist etwas, was man sich nicht erst verdienen muss, hat der Dichter Robert Frost einmal gesagt.

Im Herzen der Familie ruhte traditionell das größte soziale Kapital: Vertrauen. An dem englischen Wort »familiar« wird das deutlich. Zu Deutsch heißt es eben: vertraut. Und den sozialen Reichtum der Vertrautheit brauchen auch die Menschen, die das moderne Abenteuer Familiengründung nicht riskieren wollen. Deshalb wird – wie immer auch die Familien im 21. Jahrhundert aussehen mögen – das Familiäre an Bedeutung nicht verlieren, sondern gewinnen. Das ist rasch erklärt. Modern leben heißt: Nichts, was ist, ist notwendig, so wie es ist. Das, was ist, ist nicht alles und nicht für immer. Es geht auch anders, und der andere könnte genauso gut anders, aber nicht beliebig anders oder besser! Kurzum: Sicherheit im traditionellen Sinne gibt es heute nicht mehr. Umso dringender brauchen wir einen Ersatz. Sicherheit gibt es heute nicht mehr durch Gewissheit, sondern nur noch durch Vertrauen. Gerade das hat die Bankenkrise wieder deutlich gemacht.

Von der Wirtschaft kann man lernen, wie Kooperationsangebote Vertrauen schaffen und Vertrauen dann die Transaktionskosten reduziert. Und auch in der Politik geht es nur mit Vertrauen. Die Personalisierung der Politik ist der Ausweg aus der Inkompetenz. Das Urteil über Personen ersetzt das Urteil über Sachfragen. Die Talkshow ist das Medium, in dem politisches Vertrauen aufgebaut wird, wenn mehr Information nur zu mehr Konfusion führen würde.

Auch der Wissenschaftsbetrieb ist in extremem Maße vertrauensabhängig. Das wird Laien überraschen, denn man müsste ja eigentlich nicht vertrauen, wo man weiß. Doch das Wissen, mit dem man arbeitet, muss immer mit Informationen weiterarbeiten, die andere erarbeitet haben. Und man verlässt sich darauf, dass die anderen das korrekt getan haben. Man hat Vertrauen in die Ehrlichkeit der Kollegen.

Und schließlich die Medien. Weil digitale Bildverarbeitung prinzipiell Manipulation ist, gibt es kaum mehr technische Möglichkeiten, die Echtheit von Bildern zu überprüfen – bleibt nur das Vertrauen in den, der das Foto geschossen hat. Es gibt prinzipiell in der Welt elektronischer Dokumente keine Marke der Echtheit. Und so wie es für uns keine Alternative dazu gibt, den Massenmedien zu vertrauen, so setzen diese ihr Vertrauen in »Quellen«, zum Beispiel »gewöhnlich gut unterrichtete Kreise«. Es liegt auf der Hand, dass hier ständig manipuliert wird. Aber unser Vertrauen in die Massenmedien ist trotzdem alternativlos. Es macht nämlich lebenspraktisch keinen Sinn, dem reißenden Strom der Neuigkeiten mit einem Manipulationsverdacht entgegenzutreten. Uns fehlt einfach die Zeit, den Bericht über die Wirklichkeit mit dieser selbst zu vergleichen.

Wir wollen Bindung in Freiheit, und wir wollen Freiheit in Bindungen. Deshalb habe ich von der Kraft des Glaubens, vom Paradies der Arbeit, vom guten Leben, vom sozialen Reichtum der Familie und vom sozialen Kapital des Vertrauens gesprochen. Wenn man sich diese Begriffe auf der Zunge zergehen lässt, schmeckt man ein neues Aroma unserer Gesellschaft. Wir haben es heute tatsächlich mit einem Wertewandel zu tun, der sich in drei Phasen darstellen lässt. Der Kapitalismus in seiner heroischen Phase beruhte auf christlichen Werten und ordnete das Leben um die bürgerlichen Tugenden. Mit der Romantik (um 1800), spätestens aber mit der Pariser Boheme (um 1850) begann dann die Konjunktur der antibürgerlichen Werte: der Hass auf den Bourgeois und der Kult des Nonkonformismus. Diese Phase endet mit dem Altern der 68er, also heute.

Erfolg ist ein bürgerlicher Wert. Das muss man deshalb betonen, weil die westliche Kultur nach dem Zweiten Weltkrieg vor allem von Boheme-Werten geprägt wurde. Und der erfolgreiche Bourgeois ist der natürliche Feind der Boheme. In den 60er und 70er Jahren gab es geradezu einen Kult des Anti-Erfolgs. Die Verlierer beherrschten die Szene. Aber in den letzten Jahrzehnten haben sich die Jugendlichen wieder mit dem Leistungsprinzip versöhnt. Der Bohemien verträgt sich mit dem Bourgeois. David Brooks hat deshalb von der Eliteherrschaft der Bobos (= Bohemien + Bourgeois) gesprochen.

Das Ressentiment gegen den Erfolg führt heute nur noch ein Nischendasein. Gerade die emanzipierten Frauen drängen ja auf Karriere. Doch beides, Erfolg wie Karriere, gibt es heute nur noch in gebrochener Form. Die Metapher von der Karriereleiter ist endgültig veraltet. Eine moderne Karriere ist nicht mehr linear, sondern mosaikartig. Und der Erfolg wird nicht mehr protzend zur Schau gestellt, sondern elegant verdeckt. Wie gibt man viel Geld aus, ohne zu protzen? Man investiert es in den eigenen Körper, in Küche und Bad, in kleine Dinge. Man trinkt Wasser, das so teuer ist wie ein Wochenendeinkauf bei Aldi; man trägt Kleider, die lässig und nach Freizeit aussehen, aber aus unglaublich kostbarem Stoff gemacht sind; man macht Öko-Urlaub in garantiert touristenfreien Naturschutzgebieten. Statusinversion hat der politische Journalist David Brooks das genannt. Die Erfolgreichen geben für die einfachsten Dinge des Lebens wie Kaffee, Nudeln und Seife ungeheuer viel Geld aus. Über dem Leben der Reichen liegt heute eine Patina der Einfachheit.

Auch das zeigt sehr deutlich, dass wir in ein Zeitalter der postökonomischen Werte eingetreten sind. Die Leute interessieren sich immer mehr für das gute Leben, öffentliche Güter, gerechte Verfahren, ethisches Einkaufen, freiwilliges Engagement und die soziale Dynamik der Non-Profit- und Non-Governmental-Organizations. Je mehr sich der Kapitalismus als der große Gleichmacher der materiellen Lebensbedingungen bewährt, umso mehr drängen sich die nichtmateriellen Aspekte des guten Lebens in den Vordergrund der Aufmerksamkeit: Prestige und Privileg. Das hat unmittelbare Auswirkungen auf das Verhältnis von Einkommen und Status. Der Ökonom und Mathematiker Vilfredo Pareto hat als Erster gesehen, dass überall da, wo die Einkommensunterschiede reduziert werden, die Menschen nach Ungleichheit in Macht und Status streben. Es geht dann primär um den Wunsch, anders zu sein und die Ungleichheit zu genießen, also um die Aneignung differenzierender Merkmale, auf die das eigene Selbstwertgefühl gestützt werden kann.

Mit dem Sieg des Kapitalismus wurde der Blick wieder frei auf die nichtökonomischen Kräfte, also die sozialen und moralischen Werte, das Begehren nach Anerkennung und auf die andere Seite der Vernunft, also Gefühle und Geschichten. Für Marktwirtschaftler war es immer selbstverständlich, dass die Information der Preise genügt, um sicher durch die moderne Wirtschaftswelt zu steuern. Und natürlich werden die Preise auch in Zukunft für die meisten Menschen die wichtigste Information auf dem Markt bleiben. Aber immer mehr Menschen, denen es gut geht und die ein gutes Leben führen möchten, orientieren sich an Werten statt an Preisen. Und diese Werte sind in einer ganz neuen Weise zweideutig. Man könnte auch von Wertparadoxien sprechen: mitfühlender Konservativismus, sorgender Kapitalismus, libertärer Paternalismus, ökologische Ökonomie. Ich komme auf diese eigentümlichen Werthybride in den nächsten Kapiteln ausführlich zurück.

Werte statt Preise – so lautet das Konsumverständnis der Generation »We«. Sie will sorgen und teilen. Neben die christliche Nächstenliebe und das Tauschinteresse tritt das Geschenk aus Sympathie. Ich teile, also bin ich. Der Wertewandel entspricht präzise dem Generationenwechsel. Erst gab es die Gründergeneration, die ganz auf Produktion ausgerichtet war und ein Ethos der Pflichterfüllung lebte. Dann kamen die Babyboomer, die ganz auf Konsum und Protest ausgerichtet waren und den Anspruch auf Selbstverwirklichung anmeldeten. Diese revolutionär bewegten Studenten der 68er-Generation haben den zur Schau getragenen Konsum ihrer Eltern durch zur Schau getragenes Mitleid ersetzt. Heute wird die Sorge zur Schau getragen.

Die Generation »We« ist ganz auf Kommunikation ausgerichtet und formuliert ein Ethos der sozialen Gerechtigkeit.

So tritt in unserer Gesellschaft neben den Wunsch, umsorgt zu werden, der Wunsch, sich zu sorgen. Noch deutlicher: In der Welt von Wohlstand und Fürsorge wächst der Wunsch, sich um jemanden oder etwas zu sorgen. Traditionell sorgte man sich um die Kinder und die Alten. Das grün gefärbte Bewusstsein sorgt sich um die Natur. Das schlechte soziale Gewissen sorgt sich um die Armen der Welt. Die Unpolitischen, denen Kinder oder Senioren zu anstrengend und soziale oder Umweltprobleme zu komplex sind, sorgen sich um Haustiere. Wer »fit for fun« sein will, sorgt sich um den eigenen Körper. Und einsame Kinder sorgen sich um ihren Roboterhund. Dieser Wunsch, sich zu sorgen, gründet in dem Wunsch, gebraucht zu werden. Mit den Worten des amerikanischen Philosophen Milton Mayeroff: Was mir fehlt ist, dass ich jemandem fehle. Der Psychiater Andras Angyal hat schon in den 1950er Jahren betont, dass wir gebraucht sein wollen. Das Gebraucht-werden-Wollen ist eines der stärksten Motive unserer Lebensgestaltung.

Hier passen zwei fundamentale Wünsche wie konkav und konvex zusammen:

- Was mir fehlt, ist, dass ich jemandem fehle.
- Was mir fehlt, ist persönliche Aufmerksamkeit.

Man muss deshalb kein Prophet sein, um vorauszusagen, dass sich in einer postmaterialistischen Welt wieder das Dienstverhältnis als fundamentale Verkehrsform der Gesellschaft ausprägen wird. Es handelt sich ja bei jedem guten Service um ein Schauspiel der Zwischenmenschlichkeit. Und diese persönliche Dienstleistung kann man prinzipiell nicht durch Güter ersetzen.

Die Hochkonjunktur der Sorge ist auch ein Effekt der Massenmedien. Sie zeigen uns tagtäglich die Leiden und Probleme der Welt – und wir können als Leser und Zuschauer nur sagen: »Da muss man doch etwas tun!« Wenn aber die ganze Welt zum Gegenstand des Verantwortungsgefühls wird, dann kann dem kein konkretes Handeln mehr entsprechen. Die Massenmedien muten dem Menschen heute also nicht nur Pflichten gegen seinesgleichen, sondern gegen die ganze Menschheit und deren Zukunft zu. Damit überlastet man ihn vollkommen.

Die ganze Welt geht uns jetzt etwas an. Und fast nichts können wir tun. Je unmöglicher ein wirklich eingreifendes Handeln ist, desto lauter das Pathos der Betroffenheit. Mitleid war schon immer das demokratische Gefühl schlechthin. Betroffenheit durch die Hilfsbedürftigkeit der Opfer – das ist die heute vorherrschende demokratische Empfindung. Dabei geht es allerdings weniger um Politik als um Religion, nämlich eine Religion des Helfens und Schützens. Gerade die Leute, die ein schlechtes Gewissen haben, weil sie so viel Geld verdienen, wollen die Welt retten. Schuldgefühle erzeugen eine unspezifische Hilfsbereitschaft. Das gilt zum Beispiel für Schauspieler, die eine Möglichkeit suchen, sie »selbst« zu sein und nicht nur andere zu spielen. Celebrities, die als Menschen ernst genommen werden wollen, engagieren sich für XY. Damit wechseln sie aber nur den Regisseur; er kommt nicht mehr aus Hollywood, sondern von Greenpeace.

Dass ich hier eine psychologische Interpretation anbiete, soll nicht darüber hinwegtäuschen, dass auf diese Weise unendlich viel Gutes geschieht. Doch gerade wenn man die Motivation hinter der guten Tat erkennt, kann man abschätzen, welche Entwicklungschancen diese Art der Produktion von sozialem Reichtum in unserer Gesellschaft hat. Den großen und kleinen Freiwilligen geht es um Reputation und das gute Gefühl, das man Reformgenuss nennen könnte. Wer in gemeinwohlorientiertem Handeln nach dem öffentlichen Guten strebt, kann schon die Suche genießen, das Vergnügen des Wegs zum Ziel. Und diese Möglichkeit gibt es nicht nur für die Stars und Sternchen, sondern auch für den normalen Bürger, dem Reisebüros heute »Voluntourismus« anbieten. Zu Deutsch: in den Ferien Gutes tun.

Ich werde in dem Kapitel über den Sozialkapitalismus noch ausführlich darstellen, wie Unternehmen sich im 21. Jahrhundert auf Kunden einstellen müssen, die Gutes tun wollen. So wie jede Arbeit des Einzelnen heute auch Arbeit am Netzwerk der Weltkommunikation ist, so muss jede Produktion eines Unternehmens auch Produktion des sozialen Reichtums sein. Und wehe dem, der sich diesem neuen Zeitgeist entziehen will. Er wird abgestraft von Kunden, die als mündige Bürger konsumieren. Auch dafür hat man schon einen schönen neuen Begriff gefunden: Ethical Shopping, moralisches Einkaufen. Statt wählen zu gehen, drücken die Bürger ihre Meinung durch ihr Kaufverhalten aus.

Kunden bestrafen unmoralische Unternehmen. Und das ist möglich, seit sich die öffentliche Weltmeinung online bildet. Globalisierung prägt nun auch die Dynamik sozialer Bewegungen. Der Bürger, der sich heute politisch engagieren, also einen Unterschied machen will, geht nicht mehr in die Politik, denn die ist viel zu komplex geworden. Stattdessen geht er auf den Markt der Sorge, der so kleinteilig und einfach ist, dass man mit jedem Konsumakt und jeder Spende die Welt verbessern kann. Meist ist das ganz simpel: Man kauft einen Kasten Bier und rettet damit ein paar Quadratmeter Regenwald in Brasilien. Es gibt aber auch anspruchsvollere Angebote. Den Gegenpol zum Trinken für eine bessere Welt bilden die sogenannten »Divestment«-Bewegungen auf dem Aktienmarkt. Das klingt kompliziert, ist aber rasch erklärt. Wer in den Nachrichten von Dafur im Sudan hört, denkt sofort an Völkermord. Große amerikanische Investoren wie Pensionsfonds reagieren mit ökonomischem Druck auf internationale Konzerne, die im Sudan Geschäfte machen, das heißt, sie stoßen deren Aktien ab. In solchen »Divestment«-Bewegungen gewinnen also Menschenrechte Einfluss auf Aktienkurse. So wie der soziale Unternehmer nicht einfach nur ein guter Mensch ist, sondern erkannt hat, dass in jedem sozialen Problem ein Geschäftsmodell steckt, so gilt heute auch umgekehrt: Soziale Bewegungen entpuppen sich als Unternehmer, die neue Probleme auf dem Markt der Aufmerksamkeit verkaufen.

Auch aus sozialen Bewegungen kann man nämlich ein Geschäft machen. Geld und Protest gehen hier ein faszinierendes Bündnis ein. Das ist die Serviceleistung eines neuen Typs von Banken, die wütenden, protestbereiten Kunden ein Management ihrer frei flottierenden Entrüstung anbieten. Das Geschäftsmodell solcher »Karma-Banken« sieht folgendermaßen aus: Hedge-Fonds stecken ihr Geld dorthin, wo es Boykott gibt – das heißt, sie wetten gegen den Erfolg sozial unverantwortlicher Unternehmen. Und sie nutzen dabei die Ressource des globalen Konsumentenprotests. Um es auf eine ganz einfache Formel zu bringen: Die Hedge-Fonds steuern das Geld bei, die Protestbewegungen den Boykott. Sie nutzen die Ressource des globalen Widerstands. Man könnte also von der Geburt des Sozialkapitalismus aus dem Geist des Protests sprechen.

Wir werden diesen neuen Geist des Kapitalismus gleich in die sozialen Netzwerke der Internet-Gesellschaft hinein verfolgen. Und tatsächlich bieten die neuen Medien fantastische Möglichkeiten, mit dem Projekt der Selbsttranszendierung Ernst zu machen. Aber man darf bei all diesen dynamischen Entwicklungen, die wir mit dem Begriff Globalisierung bezeichnen, nicht aus dem Auge verlieren, dass Menschen träge Wesen sind. Um es ganz plakativ zu sagen: Unsere moderne Gesellschaft und ihre Medien überfordern den alten Adam.

»Der Mensch ist das Maß aller Dinge.« »Der Mensch steht im Mittelpunkt.« Das sind wunderschöne alte Sätze, die jeder gerne hört. Aber wer glaubt noch daran? Früher war die gesellschaftliche Ordnung tatsächlich auf den Menschen bezogen und mit konkreten Orten verknüpft. Heute sehen wir uns als Bürger einer Weltgesellschaft in Systeme verstrickt. Wer regiert uns, Berlin oder Brüssel? Wo sind die Grenzen Europas? Warum bricht in Europa und Asien die Wirtschaft ein, wenn in Amerika eine Immobilienblase platzt?

Die Globalisierung vollzieht sich in unser aller Erfahrung als Entortung. Globalisierung ist nämlich medientechnisch betrachtet ein Prozess des »linking«, also der Verknüpfung von Kommunikationsknoten. Und dabei wird – rein technisch betrachtet! – der geographische Raum zweitrangig. Global Village, das elektronische Weltdorf, war der Name, den der erste Medientheoretiker Herbert Marshall McLuhan schon vor fünfzig Jahren dafür gefunden hat. Im Blick auf die Medien leuchtet er heute noch unmittelbar ein.

Doch auch die Weltwirtschaft ist raumlos global geworden. Zu Recht spricht man deshalb von Global Players, wenn man die zentralen Knoten dieses Netzwerks bezeichnen will. Es ist die Welt des frei flottierenden Geldes, die sich kaum noch von der Welt der frei flottierenden Information unterscheiden lässt. In virtuellen Gemeinschaften gehen hier die bisher streng getrennten Welten von Politik, Konsum, Unterhaltung und sozialem Leben ineinander über. Und auch die Partisanen, die dieser globalisierten Welt den Garaus machen möchten, sind ihrem Fleckchen Erde nicht mehr treu. In den Terroristennetzwerken wird auch der Schrecken raumlos.

Es sieht also zunächst einmal so aus, als ob in unserer Gesellschaft konkrete Orte für das Funktionieren überhaupt keine Rolle mehr spielten. Was heute zählt, ist nicht körperliche Präsenz, sondern Erreichbarkeit. Was gilt, ist die Funktion und nicht die Substanz. Doch gerade deshalb lautet meine These: Die neue Kultur der Virtualisierung ist zugleich eine Kultur der Kultorte. Die Medienrevolution verlangt einen menschlichen Ausgleich – den gestalteten urbanen Raum. In unserer Kultur zeigt sich ein Unbehagen am Funktionalismus. Man sucht wieder Substanz, Symbol, Sinn und Identität. Wer eine Stätte sucht, lässt sich nicht mit einer Stelle abfinden. Und die Frage nach dem geschichtlichen Sein und dem konkreten Raum lässt sich offenbar nicht mehr mit dem Hinweis auf die Funktion erledigen.

Nur die alten Medien können die Wunden heilen, die uns die neuen Medien geschlagen haben. Und das älteste Medium ist die Architektur. Es ist ja wahr: Das Leben im Zeitalter des Internets ist durch eine allgemeine Entortung charakterisiert, weil in sozialen Netzwerken das Kooperieren der Menschen nicht mehr raumgebunden ist. Doch diese neuen virtuellen Lebensräume fordern als menschlichen Ausgleich eben architektonische Kultorte: den großen Platz, die Fußballarena, den Freizeitpark, die Abschirmung kleiner Paradiese.

Der Begriff Abschirmung ist ganz wörtlich zu nehmen. Das Zeitalter der virtuellen Gemeinschaften im Internet ist nämlich auch das Zeitalter der Hochsicherheitszonen im sozialen Raum. Hier geht es um das Bedürfnis nach Hegung im ganz handfesten Sinn – durch Zaun, Stacheldraht und Sicherheitsbeamte. Nach innen arbeitet diese Abschirmung mit den menschenfreund-

lichen Qualitäten eines emotionalen Designs, für das die Trendforscherin Faith Popcorn den anschaulichen Begriff »Cocooning« gefunden hat. Das Paradies wird konkret als Garten ange-
legt – oder doch zumindest als floristisches Kunstwerk in die
Wohnung hineinkopiert. Dem entspricht auch der sogenannte
Nesting-Trend, also die Konjunktur der Kochshows im Fernsehen und das wiedererwachte Interesse fürs Stricken oder Pflan-
zen. Es geht hier immer um Beruhigung und Entschleunigung.

Architektur ist, wie der Berliner Architekt und Stadtplaner
Andreas Feldtkeller zu Recht betont hat, Einfriedung und Abschirmung. Das erfordert von Städteplanern und Architekten
heute aber eine höchst komplexe Leistung. Denn modern ist die
Abschirmung nur als Einheit von Schließung und Öffnung möglich. Nur der ist zeitgemäß abgeschirmt, für den das Außen zugänglich bleibt. Die architektonische Aufgabe besteht also darin,
Sicherheit und Zugänglichkeit zugleich zu gewährleisten. Das
ist übrigens dasselbe Problem, das heute die Gestaltung des
Internets zu lösen hat.

Doch geht es hier nicht primär um technische Fragen, sondern um Fragen der Identität. Was bedeutet Sein in Räumen im
Zeitalter der virtuellen Realitäten? Was bedeuten Kultorte im
Zeitalter mobiler Kommunikation? Der amerikanische Invest-
mentbanker und Trendforscher William Knoke hat mit seinem
Begriff der ortlosen Gesellschaft unterstellt, es sei für die produktiven Menschen des 21. Jahrhunderts völlig gleichgültig, wo
sie sich konkret aufhalten. Was zählt, sei Erreichbarkeit, nicht
Anwesenheit. Das klingt für technisch denkende Menschen
ganz logisch. Aber es ist in dieser Ausschließlichkeit schlicht
falsch. Wir müssen nämlich begreifen, dass die Entwicklung der
neuen Medien und die wirtschaftliche Globalisierung für den
Menschen nicht nur unerhörte neue Lebenschancen bieten,

sondern ihn auch psychisch überfordern. Für die Zumutungen der Internet-Gesellschaft brauchen Menschen einen Ausgleich – wertvolle Orte der Identität. Mit anderen Worten: Wir brauchen Kultorte gerade deshalb, weil es rein technisch gesehen in der modernen Funktionswirklichkeit immer unwichtiger wird, wo ich wohne. Gerade weil sich die entscheidenden Prozesse unseres Lebens und Arbeitens in Immaterialitäten und Kommunikationen auflösen, brauchen wir konkrete Kultorte als Schauplätze des Sinns.

Urbanität ist eine der wichtigsten Quellen des sozialen Reichtums. Als Berliner zögere ich ein wenig, meine eigene Stadt als Beweis für diese These anzuführen. Aber eigentlich wird wohl jeder, der ehrlich mit sich ist, zugeben: Wer heute auf sich hält, strebt nach Berlin. Natürlich ist Hamburg eleganter, München reicher, und in Freiburg kann man besser Spargel essen und Ski fahren. Aber keine deutsche Stadt kann sich mit dem Mythos Berlin messen. »Arm, aber sexy«, so hat der Regierende Bürgermeister seine Stadt glänzend vermarktet. Ich will es im Blick auf unser Thema anders formulieren: Berlin ist wirtschaftlich arm, aber sozial reich.

Urbanität ist das große Potenzial der Hauptstadt. Oswald Spengler hat im Blick auf die modernen Metropolen einmal die Formel geprägt: statt einer Welt eine Stadt. Genau das meine ich mit dem sozialen Reichtum der Urbanität. Man wohnt als Berliner nicht nur in einem Haus, sondern in der Stadt, die als Ganzes zur Behausung wird. Der Bürger hat »Welt« heute genau in dem Maße, in dem er sich von seiner Metropole konsumieren lässt. Und hier gibt es wirklich keinen Unterschied zwischen dem Erleben eines Studenten und dem eines Staatssekretärs, auch wenn der eine seinen Kaffee bei Starbucks trinkt und der andere im Café Einstein. Danach fährt der eine in seine Studentenbude nach Friedrichshain, der andere in seine Villa nach Zehlendorf. Aber in der Erfahrung der Urbanität sind sie gleich, und in der Produktion des sozialen Reichtums leistet der Student vielleicht sogar mehr als der Staatssekretär.

Nicht William Knoke mit seiner These von der ortlosen Gesellschaft hat also recht, sondern der an der Rotman School of Management der Universität von Toronto lehrende Richard Florida, der bei seiner Suche nach den Geheimnissen der Kreativität auf die Bedeutung von Städten gestoßen ist. Gerade in einer globalisierten Welt wird die Bedeutung des geographischen Ortes nicht schwinden, sondern wachsen. Die Stadt, in der wir leben, entscheidet mit über unsere Identität. Deshalb ist die Frage, wo ich lebe, eine der wichtigsten Lebensentscheidungen überhaupt. In Metropolen konzentrieren sich Energie und Talent, und das führt zu urbanen Austauschprozessen, die die Kreativität jedes Einzelnen steigern.

Um die produktiven Arbeiter, kreativen Köpfe und zahlungskräftigen Touristen ist zwischen den Regionen Europas ein heftiger Kampf entbrannt. Wo studiere ich – in Duisburg-Essen oder doch besser in Groningen? Wo gibt es die interessantesten Jobs – in der Welt der Kumpels oder doch im »Ländle«, wo man alles kann außer Hochdeutsch? Wohin reise ich übers Wochenende – in die Kulturhauptstadt des Jahres 2010 (raten Sie!) oder doch wieder nach Berlin? Natürlich spielen Informationen über technisch-sachliche Dinge bei diesen Entscheidungen eine große Rolle. Doch Information allein genügt nicht. Wer den Kampf um Aufmerksamkeit im 21. Jahrhundert gewinnen will, muss nicht nur informieren, sondern auch faszinieren. Kultorte sind Attraktoren. Es wird zwar immer viele Menschen geben, die leben, wo sie leben, weil sie dorthin »geworfen« wurden. Aber immer mehr Menschen – und zwar gerade die kreativsten und produktivsten – leben, wo sie leben, weil sie diesen Ort »gewählt« haben.

Um diese Wahl zu beeinflussen, muss eine Stadt in den entscheidenden Lebensweltdimensionen faszinierende Angebote unterbreiten. Die Lebenswelt der Metropolen des 21. Jahrhunderts hat eine technische Dimension und eine soziale Dimension. In der technischen Dimension geht es um Kommunikation und Mobilität, also einerseits um die medialen Netzwerke, die uns die Welt zu Hause bieten. Andererseits geht es um Reisen, Passagierzonen und nomadisches Arbeitsleben: Wir sind in der ganzen Welt zu Hause. In der sozialen Dimension geht es um Spiritualität und das gute Leben, also einerseits um Sinnstiftung, Bildung und Ideen – meine Geschichte! Andererseits geht es um das gute Leben und die Sorge um sich – meine Identität! Mit der Architektur einer Stadt verknüpfen sich Herkunftsgeschichten als Medium für einen Kult der Identität. Es geht also nicht um rationale Stadtplanung, sondern um »storying«. Wer einem Fremden die Faszination Berlins erklären will, muss Geschichten erzählen.

Richard Florida geht so weit zu behaupten, die Identität eines Ortes hänge nicht an seiner architektonischen Substanz, sondern an seinem Klima der Vielfältigkeit und Toleranz für alternative Lebensstile. Das ist natürlich übertrieben. Es gibt kein Urbanitätserlebnis ohne großartige Architektur. Frank Gehrys Guggenheim-Museum in Bilbao hat ja umgekehrt gezeigt, dass eine Stadt, die für Außenstehende bisher nur ein Fleck auf der spanischen Landkarte war, durch ein einziges faszinierendes Gebäude zum Kultort werden kann.

Gerade kulturkritischen Intellektuellen fällt es schwer, das zu begreifen. Es gibt nämlich bei ihnen einen anti-monumentalen Affekt. Er ist mindestens so alt wie das moderne Amerika mit seiner chromblitzenden Schönheit der Straßenkreuzer, der Erhabenheit transparenter Stahlbrücken und den kathedralischen Türmen Manhattans. Europäische Intellektuelle haben auf solche Metropolen immer schon empfindlich reagiert und im Monumentalen gleich das Monströse gesehen. Soweit der anti-monumentale Affekt spezifisch deutsch gefärbt ist, geht er natürlich auf unseren nachträglichen Antifaschismus zurück. Nie wieder Albert Speer! Unsere Architekten sollten aber heute endlich anerkennen, dass Größe imponiert, dass es eine Lust am Erhabenen gibt. Und an dieser Stelle muss man gegen den Kiez-Fetischismus der Intellektuellen einmal ausdrücklich festhalten: Es gibt keine Urbanität ohne Monumentalität.

Schon im 19. Jahrhundert hat der Dichter Charles Baudelaire erkannt, dass die Großstadt selbst einen religiösen Rausch erzeugen kann. Wer wirklich leben will, den zieht es in die Innenstadt, den Punkt der äußersten Verdichtung und Steigerung des Urbanen. Das war damals Paris, dann lange Zeit New York – und ist heute Berlin. Der Kulturanthropologe Arnold Gehlen nennt übrigens auch einen rein ökonomischen Grund, warum in einer Wohlstandsgesellschaft alles in die Metropole drängt: Nur in einer großen Stadt kann man ein hochqualifiziertes, teures und differenziertes Angebot, das ja immer nur für Minderheiten interessant ist, mit Aussicht auf wirtschaftlichen Erfolg anbieten.

Die monumentale Skyline von Manhattan ist auch heute noch das unüberbietbare Symbol der Stadt als Welt, der Weltstadt. Sie zu erleben – und sei es auch nur in der verkleinerten Version, die etwa vom Mainkaiufer in Frankfurt aus zu haben ist – weckt das Gefühl des Erhabenen. Die Faszination der Weltstadt konnten wir bisher nur in Paris, London und New York erleben. Doch ist es heute nicht ein großartiges Gefühl, wenn man am neuen Berliner Hauptbahnhof ankommt, zu Fuß die Spree überquert und dann an Kanzleramt und Reichstag vorbei zum Brandenburger Tor spaziert?

Man spottet in kulturkritischen Kreisen gerne über Städtetouristen, aber sie haben ein untrügliches Gespür für die Faszinationswerte des Monumentalen. Es geht um Machtarchitektur, Repräsentationsbauten, kurz: um Architektur jenseits des Menschenmaßes. Monumentalität heißt nämlich vor allem Größe, und dem Effekt der Größe kann sich niemand entziehen. Es gibt niemanden, dem der Gasometer in Oberhausen nicht imponiert. Und nach allem, was wir bisher über die Wünsche zweiter Ordnung gesagt haben, liegt die Erklärung dafür auf der Hand: Das Monumentale ist die Architektur der Selbsttranszendierung. Wenn ich auf dem Gendarmenmarkt stehe oder Unter den Linden radele, bin ich stolz darauf, Berliner zu sein.

Die Elbphilharmonie in Hamburg ist zurzeit vielleicht das eindrucksvollste Projekt der neuen Monumentalität. Doch auch Politik, Wirtschaft und Kirche erkennen heute wieder das Gute im Großen – man denke nur an die Frauenkirche in Dresden, das Kanzleramt in der Hauptstadt, Konsumkathedralen wie das Alexa in Berlin, Markenwelten wie die von BMW in München oder die Autostadt in Wolfsburg. Auch das Remake historischer Sehenswürdigkeiten (Berliner Stadtschloss und Braunschweiger Schloss) passt in dieses Bild.

Der Kampf um die Aufmerksamkeit der Bürger wird durch die großen urbanen Ikonen entschieden. Das haben uns die Terroristen des 11. September ins Bewusstsein gebrannt. Der Angriff galt ja der Ikone des Weltkapitals. Ausgelöscht wurden nicht nur dreitausend Menschenleben und zwei babylonische Türme. Es ging den Terroristen vor allem darum, die westliche Zivilisation symbolisch zu zerstören.

Leider ist das Bewusstsein der meisten deutschen Architekten, die sich an den Debatten über Stadtplanung beteiligen, nicht nur durch einen anti-monumentalen, sondern auch durch einen anti-kommerziellen Affekt blockiert. Eine wesentliche Dimension der heutigen Architektur ist aber gerade die Ikonographie des Konsumismus. Mit anderen Worten: Der Markt ist der unsichtbare Architekt unserer Städte. Und wo sie hässlich sind, rächt es sich eben, dass die Architekten diese Welt des Konsums immer nur verachtet haben – es käme heute darauf an, sie zu verändern. Kluge Köpfe aus der bauenden Zunft wie Jon Jerde und Rem Koolhaas haben erkannt, dass die Wiederbelebung der Stadt von den öffentlichen Räumen ausgehen muss, in denen wir konsumieren und uns vergnügen.

Wenn die City für den Bürger aus Markenzonen besteht, dann wird die Stadt selbst zum Element des Markenmehrwerts. Auf der Einkaufstüte steht »Milano«. So entwickelt sich das Shopping heute ganz konsequent zu einer Form des Tourismus. Man konsumiert Markenzonen; der berühmte Laden wird zur Destination. Markenzonen sind also Orte, an denen man das Konsumieren selbst konsumiert. Der »Ku'damm« in Berlin, die »Kö« in Düsseldorf oder die Magnificent Mile in Chicago sind klassische Beispiele dafür, dass der Schauplatz der Marken als eigene Marke erlebt werden kann.

Ein erfolgreicher Oberbürgermeister verkauft heute seine Stadt auf dem Markt der Gefühle. Das nennt man Stadtmarketing. Und bei dem Versuch, eine Stadt als Marke zu positionieren, spielt die Architektur die Schlüsselrolle. Doch damit das funktioniert, müssen die Architekten vom Elfenbeinturm in den Kontrollturm wechseln. Statt Architektur immer nur romantisch-kritisch in einer zerreißenden Spannung zwischen Kunst und Kommerz zu sehen, wäre es viel produktiver, das Verhältnis von Kreativität und wirtschaftlichen Interessen einmal als Steigerungsverhältnis zu sehen. Die Kunst des Architekten ist Business Art im Sinne Andy Warhols: das Geschäft als Kunst. Er muss die lästige Konditionierung durch Fremdbedingungen wie knappes Budget und Bauherrenideen als Kreativitätstest bestehen. Denn kreativ ist nicht derjenige, der seiner Fantasie freien Lauf lässt, sondern derjenige, dem es gelingt, Beschränkungen und Rahmenbedingungen in Steigerungsbedingungen zu verwandeln.

So bitter die Einsicht für künstlerische Architekten und Romantiker der bürgerlichen Öffentlichkeit sein mag: Shopping ist heute die wichtigste öffentliche Handlung – und damit das eigentliche Organisationsprinzip einer Stadt. Shopping ist die Energie, die das Urbanitätserlebnis in reiner Form ermöglicht. Mit anderen Worten: Urbanität ist das eigentliche Thema des Shopping. Und hier ist nun für die Designer der Markenzonen eines entscheidend: Urbanität ist ein Gefühl, das man gestalten kann. Der amerikanische Architekt Jon Jerde hat das »Heartmaking« genannt. Das ist natürlich ein Kunstwort, das analog zu dem vertrauten Begriff »Sensemaking«, also Sinnstiftung, gebildet ist. Es geht beim »Heartmaking« um den bedeutungsvollen Bezug des Menschen zu einem konkreten Ort, der ein Gefühl der Zugehörigkeit und des guten Lebens verschafft. Genau das habe ich mit dem Begriff des Kultorts und seiner Funktion des menschlichen Ausgleichs gemeint.

Vor einigen Jahren warb in Essen ein Kaufhaus mit der klugen Formel: »Kein Kaufhaus. Weltanschauung.« Die Einkaufszentren verwandeln sich in Schauplätze einer Wiederverzauberung der Welt, nach der wir uns gerade deshalb sehnen, weil jede Spur von Magie, Aura, Charisma und Zauber aus unserem aufgeklärten Alltag getilgt ist. Von der Mall of America bis zum

Centro Oberhausen, von Nike Town in Chicago bis zum UNO Shopping in Linz – die Botschaft ist klar: Kaufen soll ein magisch-religiöses Ritual werden. Mall und Urban Entertainment Center sind heute die Gesamtkunstwerke des Konsums: Kaufen, Essen, Amüsieren. Sie rechtfertigen die Welt als ästhetisches Phänomen. In den Metropolen des 21. Jahrhunderts werden die Kaufhäuser zu Tempeln – und die Tempel zu Kaufhäusern.

Es gibt offenbar eine Strukturverwandtschaft zwischen Marktplatz, Spielplatz und religiösem Kultort. Der amerikanische Soziologe Marc Gottdiener hat die These aufgestellt, dass wir es nach der Verdrängung des Symbolischen und Bedeutsamen durch das Designdiktat von Sachlichkeit und Funktionalismus heute mit einer Wiederkehr des Verdrängten in Form von Themenwelten zu tun haben. Themenwelten bieten eine surreale Verdichtung des Erlebnisses. Ihre inszenierten Ereignisse erlebt man »wirklicher« als die Wirklichkeit. Themenwelten bieten also Ersatzerfahrungen, die gar nicht nach Ersatz schmecken, sondern intensiver, weil sie kompakter und störungsfreier sind als die Wirklichkeit.

Eine ähnliche Möglichkeit der Wiederverzauberung bieten unsere Städte auch in der Kultur der Festivals. Diese funktionieren ähnlich wie Mode und Kosmetik bei Frauen. Das Festival ist Spektakel, Event und Ritual zugleich. Als Spektakel befriedigt es die Schaulust und Neugier, als Event beschwört es die Aura des Einmaligen, als Ritual verspricht es Sinnstiftung. Nirgendwo wird die Glücksverheißung der Stadt deutlicher: komprimierte Lebenschancen.

Je unwichtiger die Nationen heute werden, desto wichtiger wird für jeden Einzelnen die Identitätsbildung als guter Europäer einerseits und als erfolgreicher Stadtbürger andererseits. Formelhaft gesagt: Urbanität statt Nationalität. Urbanität ist undogmatisch. Sie entwickelt sich, wie schon Hegel gesehen hat, im Dialog des »Weltmanns, der sich zu benehmen weiß«, mit seinesgleichen. Urbanität ist der soziale Reichtum einer Stadt. Es ist der Begriff für ihre Ganzqualität.

Man kann ganz handfeste Elementarbedingungen für die Produktion dieses sozialen Reichtums der Urbanität angeben. Arnold Gehlen hat die folgenden genannt: Mischung statt Funktionentrennung, volle Straßen, hohe Kontaktfrequenz der Menschen untereinander, leichte Erreichbarkeit von Museen und Kinos, Quartiercharakter, Mischung von Weltstadtatmosphäre und Kleinklima, Konservierung von Altbauten, nutzlose Repräsentativbauten. Mit einem Wort: Berlin.

Nutzt du noch das Internet, oder lebst du schon im Cyberspace?

Über die Macht der sozialen Netzwerke

Wer ans Internet angeschlossen ist, lebt im Paradies der Information. Aber auch in diesem Paradies gibt es Ärger. Es wird immer billiger zu senden und immer teurer zu empfangen. Die Information selbst ist im Überfluss vorhanden, aber Aufmerksamkeit und Urteilskraft sind knapp. Die Aufgabe, die sich uns damit stellt, hat der Ökonom und Computerwissenschaftler Herbert Simon das Management der Aufmerksamkeit genannt. Der Mensch ist der Flaschenhals der Weltkommunikation im Cyberspace. Man kann immer nur ein Gespräch führen; man kann nicht einer Vorlesung folgen und gleichzeitig einen Roman lesen. Und weil die Pflege von Freundschaften viel Zeit konsumiert, kann man auch nicht mit vielen Menschen wirklich befreundet sein.

Das Internet, das Paradies der Information und der Supermarkt der Ideen, bietet so viele Möglichkeiten, dass wir einen großen Teil unserer Zeit darauf verwenden müssen herauszufinden, was es alles gibt. Immer weiter öffnet sich die Schere zwischen dem technisch Möglichen und meiner knappen Lebenszeit.

Je stärker die Informationsflut anwächst, desto dringlicher wird das Bedürfnis nach einer neuen Dienstleistung, die man Service des Sinns nennen könnte. Der Reichtum an Information und die Armut an Aufmerksamkeit sind Vorder- und Rückseite derselben Medaille. Heute ist nicht mehr die Information knapp, sondern die Orientierung. Unentwegt senden, empfangen, speichern und manipulieren wir Informationen. Wir sind eingebettet in Weltkommunikation. Und wir erwarten von uns selbst wie von den anderen, immer und überall erreichbar zu sein. Anspruchsvolle Arbeit ist vor allem Kommunikation, und die kann man heute von jedem Ort der Erde aus leisten und senden. Deshalb brauchen wir, um nicht in der Informationsflut zu ertrinken, Techniken der Auswahl, Filterung und Bewertung.

Wenn man Informationen mit einer Suchmaschine sammelt, stößt man sofort auf das Grundproblem: Tausende von Antworten auf meine einfache Frage. So genau wollte ich es gar nicht wissen! Weniger wäre mehr. Man kann nicht alles wissen wollen, was man wissen könnte. Wer alle möglichen Informationen ausschöpfen wollte, wäre am Ende zu erschöpft, um sie noch zu nutzen. Und so lautet die große Frage: Wo beginnt man die Suche? Hier muss man sich für einen Browser, für eine Suchmaschine, für ein Portal entscheiden. Der Navigator ermöglicht dem Nutzer erst die Wahl. Deshalb sind die Navigatoren heute die Superstars der Internet-Wirtschaft.

Im Internet suchen wir nicht primär nach Informationen, sondern nach Führern, denen wir vertrauen können. Es geht um den Mehrwert der Navigation, nämlich Qualität. Auf der Suche nach Qualität können wir uns an einer Marke orientieren, die unser Vertrauen verdient. Und wer die Navigationshilfen der Marken nicht nutzt, musste bisher die Informationskosten zahlen; er verzichtete also auf Bequemlichkeit. Diese Orientierungsleistung von Marken wird natürlich auch in Zukunft eine bedeutsame Rolle spielen. Aber das Internet bietet dazu eine faszinierende Alternative, nämlich Orientierung durch die Bewertungen und Empfehlungen der anderen Netzbürger. Das bewertende Volk ist unermüdlich im Tagging, Bookmarking und in der Erstellung von Playlists. Um es einmal philosophisch zu formulieren: Qualität ist weder subjektiv noch objektiv, sondern intersubjektiv.

Das Internet, genauer gesagt: das World Wide Web, ist für normale Bürger und Nutzer nicht älter als fünfzehn Jahre. Aber schon diese kurze Geschichte hat uns gezeigt, dass die Fixierung auf Informationsverarbeitung eine moralische Blindheit der Techniker war. Heute sehen wir, dass es im Cyberspace um Kommunikation, Partizipation und Gemeinschaft geht. Die Netzwerke werden als Produktionsstätten des sozialen Reichtums erkennbar. Die Netzbürger interessieren sich nicht mehr nur für Informationsmedien, sondern vor allem für Beziehungsmedien.

Web 2.0 ist das Kürzel für eine radikaldemokratische Zusammenarbeit der Kommunikationshungrigen aller Länder. Es ist der Name für jene neuen Medien, deren Inhalte von den Nutzern selbst produziert werden. Kein Zukunftsforscher hätte voraussehen können, dass der Blog, das ins Netz gestellte Tagebuch von allen und jedem, zur größten Herausforderung der klassischen Medien werden könnte. Vor zehn Jahren hat E-Commerce aus dem Internet einen Basar gemacht. Blogging macht heute aus dem Internet eine neue Form der Öffentlichkeit, in der alle füreinander Publikum sind.

Im Web 2.0 zeigt das Internet seine wahre Faszinationskraft, nämlich die Einheit von Expressivität und Interaktivität. Wer in den Blogs liest, bemerkt sofort, dass Subjektivität, Polemik und Parteilichkeit dominieren. Echtheit ist den Bloggern wichtiger als Objektivität. Die authentische Stimme ist das Charakteristikum des Web 2.0. Dieser Stil ist direkt, aufwühlend, personalisiert, dringend, kurz, rechtzeitig, einfach, polemisch, konfessionsartig und offen parteiisch. In Formaten wie MySpace und YouTube greift dieser Bekenntnisstil nun auch auf die Welt der Bilder über.

Die Bürger der digitalen Welt sind jung, gebildet, ehrgeizig; sie arbeiten in den Universitäten, Telekommunikationsgesellschaften, Medienhäusern und Banken; sie sind tolerant, vernünftig, medienkompetent und keineswegs unpolitisch. Diese Netzbürger haben nur eine Leidenschaft: den freien Fluss der Information. Jeder soll sprechen und gehört werden können. Ihr Wunsch nach mehr direkter Demokratie wendet sich vor allem an die Welt des Digitalen. Man kann deshalb vermuten, dass wir wieder vor einem Wechsel des Leitmediums der Politik stehen. Roosevelt war der erste Radio-Präsident, Kennedy war der erste Fernseh-Präsident. Obama ist der erste Internet-Präsident.

Das Internet ist heute das öffentliche Gut schlechthin. Um seine Dynamik und sein schöpferisches Potenzial zu verstehen, muss man vor allem begreifen, dass es hier um die Bildung von Sozialkapital geht. Sozialkapital besteht aus Verknüpfungen, Beziehungen und Positionen. Wer heute sinnvoll über soziale Gerechtigkeit sprechen möchte, darf sich nicht mehr von der »sozialen Frage« des 19. Jahrhunderts blenden lassen. Wir müssen das neue Soziale denken, das sich heute über Prozesse der Selbstorganisation in Netzwerken bildet. Können wir da etwas von unseren Soziologen lernen?

Seit Ferdinand Tönnies die Soziologie mit der Grundunterscheidung von Gemeinschaft und Gesellschaft neu ausrichtete, ordnen wir alle unsere sozialen Erfahrungen zwischen zwei

Polen: hier die Freundschaft, dort die formale Organisation; hier die Stallwärme des Intimen, dort die bürgerliche Kälte der modernen Gesellschaft. Dieses Schema ist zwar sehr grob, aber doch gut brauchbar, wenn wir noch eine weitere Unterscheidung anbringen, nämlich die zwischen starken Bindungen und schwachen Bindungen. Zu Freunden hat man starke Bindungen, zu Bekannten schwache.

Wir können dann vier Intensitätsgrade sozialer Beziehungen unterscheiden: Intimität – starke Bindungen – schwache Bindungen – Anonymität. Man kann sich das auch als Kontinuum vorstellen. Formale Organisationen, zum Beispiel Arbeitsplätze, sind ein Wurzelgrund für schwache Bindungen. Diese wiederum tendieren in Netzwerken dazu, sich zu starken Bindungen zu verfestigen. Der Informationsfluss verebbt schließlich in der Intimität, die nur noch aus glücklicher Immergleichheit besteht.

Die Familienbindungen müssen auch heute noch stark genug sein, um eine erfolgreiche Erziehung der Kinder zu gewährleisten. Aber sie müssen auch schwach genug sein, um moderne Arbeitsverhältnisse nicht zu blockieren. Und hier stoßen wir auf eine interessante Paradoxie: In den meisten sozialen Systemen sind schwache Bindungen effektiver als starke Bindungen. Wie das?

Je intimer eine Beziehung ist, desto weniger informativ ist sie. Man kann die Stärke einer Bindung an Zeitaufwand, emotionaler Intensität und Wechselseitigkeit ablesen. Freundschaft ist eine starke Bindung, aber von Bekannten darf ich mir mehr Informationen versprechen als von Freunden. Der Grund dafür ist denkbar einfach: Diejenigen, mit denen ich nur schwach verknüpft bin, bewegen sich auch in Kreisen, zu denen ich keinen Zugang habe. Umgekehrt bietet Intimität zwar das Maximum an Motivation, aber ein Minimum an Information. Starke Beziehungen wie das Vater-Sohn-Verhältnis, die Ehe, die enge Freundschaft haben keine Strukturlöcher, in die sich das Neue, die unternehmerische Idee oder Innovationen einnisten könnten. Deshalb schließen sich Intimität und Effektivität aus.

Die Familie wird also gesellschaftlich »effektiver«, wenn die Bindungen zwischen ihren Mitgliedern schwächer werden. Insgesamt kann man sagen, dass der soziale und technische Fortschritt die Familienbande schwächt. In der modernen Welt sind wir mobiler denn je, haben mehr Geld, bessere Versicherungen und eine bessere Gesundheitsfürsorge. All diese unbezweifelbaren Fortschritte in der Lebensqualität vermindern aber zugleich den Anreiz, in engere Familienbindungen zu investieren. Man hat die Eltern, Kinder und Verwandten nicht mehr so nötig wie früher; ja, oft fallen sie zur Last. Die Bindung der Eltern an die Kinder lockert sich, wenn die Eltern von ihren Kindern keine Unterstützung im Alter mehr erwarten.

Es gibt hier natürlich noch einen weiteren entscheidenden Faktor: Je selbstverständlicher Scheidungen und Stiefelternschaften werden, desto mehr ähneln Familien lockeren Netzwerken. Scheidungskinder verlieren zwar ein paar sehr starke Bindungen, gewinnen aber zahlreiche schwache Bindungen hinzu. Für viele Soziologen ist das offenbar ein guter Tausch. Patchwork reimt sich auf Network.

Früher war jeder ein Knoten in einem Netz, dessen Verknüpfungen durch Elternschaft, Generation und Geschlecht definiert war. Heute dagegen übergreifen die Familien nur noch selten den natürlichen Generationenzusammenhang. Damit verändert sich unser Verhältnis zur Verwandtschaft radikal. Für viele ist sie nur noch ein Störgeräusch, das nur deshalb nicht allzu ärgerlich wird, weil die Verwandten knapp werden. In Zukunft haben wir nämlich immer weniger Brüder, Onkel und

Ähnliches. Gleichzeitig wird es aber aufgrund der gestiegenen Lebenserwartung möglich, dass vier oder gar fünf Generationen gleichzeitig leben.

Und wir können heute schon beobachten, wie unsere Gesellschaft darauf reagiert: Das Gefühl der Verwandtschaft wird selektiv beziehungsweise löst sich von den konkreten Verwandten. An die Stelle der Blutsverwandtschaft tritt die Wahlverwandtschaft. Die Familienmitglieder werden frei gewählt. Die australische Sozialforscherin Vivienne Waller hat dafür den Begriff »Wahlfamilien« gefunden. Es geht nicht mehr darum, gemeinsam für Haus und Kinder zu sorgen. Was in den »puren Beziehungen« zählt, ist nicht mehr, was man tut, sondern wer man ist. Man entscheidet sich für Kinder und Verwandte, mit denen man Umgang hat. Vor allem nach einer Scheidung dominiert dieser Beziehungstyp der Wahlfamilien.

Der Einzelne erlebt heute ganz unterschiedliche Gefühlsintensitaten in den Rollen, die er spielt – als Individuum in der bürgerlichen Gesellschaft, als Mitglied einer Sekte, als Mitglied der formalen Organisation, in der er arbeitet, oder als Agent der Netzwerke. Je nachdem, an welcher dieser Rollen sich die Soziologen orientieren, kommen sie zu ganz unterschiedlichen Diagnosen über unsere Welt. Berühmt geworden ist Robert Putnams Diagnose des Verlusts der Gemeinschaft: *Bowling Alone*. Der amerikanische Kommunitarismus hat dann die Rettung der Gemeinschaft auf seine Fahnen geschrieben. Aber viel realistischer und zeitgemäßer als die Klage über die verlorene Gemeinschaft und die Predigt der geretteten Gemeinschaft ist die Netzwerktheorie der befreiten Gemeinschaft. Das ist die Welt der schwachen Bindungen im Cyberspace, die sich sehr gut mit dem jugendlichen Lebensstil der Coolness verträgt. Durch einen Klick im Netz wird man zum »Freund«.

Das lässt sich natürlich als Gefühlsschwäche auslegen. Aber wenn man bedenkt, dass jedes starke emotionale Engagement unsere Mobilität und Flexibilität einschränkt, dann muss man zugeben, dass Gefühlsschwäche in der modernen Welt durchaus realitätsgerecht ist. Ich verstehe jeden Leser, der das schrecklich findet. Aber wir müssen heute einsehen, dass Sentimentalität und Effektivität nicht zusammenpassen. Übrigens hat auch der gute Samariter nur eine schwache Bindung zu dem, den er rettet. (Wer das nicht glaubt, mag die Geschichte in der Bibel nachlesen.) Es gibt eine großartige Formulierung des Philosophen Helmut Plessner, die diesen entscheidenden Sachverhalt der Stärke schwacher Bindungen auf den Begriff bringt: »Verbindlichkeit, die nicht bindet«.

Alle Netzwerke neigen zur Verfettung. Ich lerne die Freunde meiner Freunde, die Kollegen meiner Kollegen kennen. So entsteht ein Klima der Geistesverwandtschaft, das zwar bequem und angenehm ist, aber nichts Neues bringt. Das Netzwerk verdichtet sich, ohne sich zu erweitern – es setzt Speck an. Erst Strukturlöcher eröffnen dann Informationsmöglichkeiten. Dazu gleich mehr.

Zwischen den Extremen der kalten formalen Organisation der »Mitglieder« und der stallwarmen Solidargemeinschaft der »Brüder« bildet sich heute im Internet eine freie Gemeinschaft von Operatoren heraus, die weder ungesellig noch gesellig sind. So lässt sich unsere Gesellschaft als Netzwerk frei gewählter Verknüpfungen darstellen. Sie ist geprägt durch einen vernetzten Individualismus und eine fortschreitende Privatisierung der Geselligkeit. Der Essayist Hans Magnus Enzensberger hat sie als Komplex von vernetzten Minderheiten beschrieben, als eine kopflose, sich selbst steuernde Gesellschaft. Deshalb gab Enzensberger schon vor Jahrzehnten hellsichtig ein »Kursbuch«

heraus, denn in Netzwerken kommt es vor allem auf die Verbindungen an.

Empirische Untersuchungen von Sozialpsychologen zeigen immer wieder, dass nichts für Glück und Wohlbefinden wichtiger ist, als mit anderen in starker, enger Verbindung zu stehen. Enge soziale Bindungen schränken aber Freiheit und Autonomie ein. Daraus folgt, dass Glück nicht mit Unabhängigkeit verknüpft ist. Eher gilt umgekehrt: Was uns glücklich macht, bindet uns. Neben der Ehe und der Familie waren traditionell Freundschaft und Gemeinschaft die Schauplätze solcher engen Verbindungen. Doch die neuen Medien haben die Begriffe Freundschaft und Gemeinschaft radikal verändert.

Die Bindungen der Freundschaft sind heute »links«, und die Gemeinschaft ist heute ein soziales Netzwerk im Web 2.0. In der alten Welt war es extrem zeitaufwendig, Freundschaften zu pflegen – und deshalb hatte man auch nicht mehr als fünf, sechs wirkliche Freunde. Heute dagegen brüsten sich viele Netzwerker damit, in der virtuellen Welt Hunderte von Freunden zu haben. Es liegt in der Natur der Sache, dass die Bindungen zu hundert Freunden sehr viel schwächer sein müssen als die traditionelle Bindung an die Busenfreunde. Aber gerade das wird durch die Logik der Netzwerke belohnt. Denn gerade schwache Bindungen sind besonders informationsstark.

Entsprechend heißt Gemeinschaft heute etwas ganz anderes als in der Soziologie des 19. und 20. Jahrhunderts. Gemeinschaft ist nicht mehr das Gegenteil von Gesellschaft. Die virtuellen Gemeinschaften und sozialen Netzwerke verbinden die Vorteile von Gemeinschaft und Gesellschaft. Man ist in die virtuelle Gemeinschaft ja nicht hineingeboren, sondern kann sie frei wählen und beliebig aktivieren. Während in Dorfgemeinschaften jeder jeden kennt, kann man in sozialen Netzwerken anonym bleiben.

Und die virtuelle Gemeinschaft ist nicht lokal beschränkt, sondern organisiert sich weltweit nach Interessen, Kompetenzen und Vorlieben. Was zählt, ist Gleichgesinntheit.

Während die Nationalstaaten in der Weltgesellschaft zunehmend an Einfluss verlieren, formiert sich heute ein neues Zeitalter der Netzwerke. Von der Anarchie des Marktes unterscheidet sich ein Netzwerk durch gemeinsame Werte, und von der formalen Hierarchie unterscheidet es sich durch seinen informellen Charakter. Diese negativen Bestimmungen sind mit Sicherheit zutreffend; sehr viel schwieriger aber ist es, positiv zu sagen, wie das Internet unsere soziale Ordnung umstrukturiert. Man kann es leichter benutzen als erklären.

Die Dynamik der vernetzten Gesellschaft ist so stürmisch, dass fast jeder, der sich heute im Internet tummelt, ein Neuling ist. Niemand kann wissen, wohin die Reise geht. Das Internet tritt mit einem sozialen Anschlusszwang auf, dem sich heute niemand mehr entziehen kann. Ohne Netzadresse gilt man als Irrläufer. Und unbarmherzig trennt (!) das World Wide Web die Verknüpften von den Nichtverknüpften.

In offenen Netzen gibt es verschiedene Stufen der Anonymität. Die Vorteile liegen auf der Hand: Wenn man anonym bleibt, kann man ohne Gesichtsverlust seine Meinung ändern. Man kann aber auch Rollen tauschen, ja das Geschlecht wechseln. Das ist das verlockendste Angebot der Netzkommunikation: Man darf ein anderer sein! Offene Netze erlauben es mir, mich selbst zu erfinden – immer wieder neu.

Es ist die große kulturelle Verheißung der Zukunft, dass wir nach den Etappen der archaischen Stammesgemeinschaft und der modernen »Entfremdung« nun wieder vor einer neuen Gemeinschaftsform stehen: der von elektronischen Netzwerken getragenen Nachbarschaft. An die Stelle der Masse treten die vielen Stämme der Freiwilligen. Facebook, StudiVZ und Xing sind eindrucksvolle Beispiele dafür, wie sich heute »soziale Graphen« bilden, und zwar durch die einfache Frage: Wen kennst du, und wer kennt dich? Darin steckt aber auch ein völlig neues Potenzial für politisches Linking, das nicht mehr braucht als eine führende Idee, eine Kommunikationsplattform für das gemeinsame Interesse und das Bedürfnis der Zugehörigkeit.

Linking ist alles! Es geht hier nicht mehr nur um Informationsübertragung, sondern um Verknüpfung. Und dadurch werden die Links zum Medium des gesellschaftlichen Wandels. Das gilt gerade auch für den Alltag, der schon lange nicht mehr »offline« ist. Die fortschreitende Benutzerfreundlichkeit macht den Computer unsichtbar – und allgegenwärtig. Das Verschwinden des Computers in seiner Allgegenwart ist das wichtigste Kennzeichen unserer heutigen Kultur. Nach der Telekommunikation wird jetzt auch die Nahdistanzkommunikation revolutioniert, und zwar durch tragbare Sensoren und Computer. Die Menschen tragen Informationen über sich und ihre Arbeit, ihre Interessen und Vorlieben mit sich, die dann in Gruppensituationen ganz automatisch mit den anderen ausgetauscht werden können.

Inwieweit das noch Science-Fiction oder der technische Stand der Dinge ist, ändert sich von Woche zu Woche. In seinem Roman *Heliopolis* von 1949 hatte Ernst Jünger das Kommunikationsmedium »Phonophor« ersonnen. Der Phonophor ist eine Art Handy, das jeden mit jedem verbindet und damit das alte Ideal des pausenlosen Forums, der permanenten Tagung technisch verwirklicht. Er ermöglicht die globale Volksversammlung genauso wie die Volksbefragung in Echtzeit. Der Phonophor ersetzt den Personalausweis, Uhr und Kompass. Er vermittelt die Programme aller Sender und Nachrichtenagenturen und gibt über ein Zentralarchiv Einblick in alle elektromagnetisch gespeicherten Texte; so dient er als Zeitung, Bibliothek und Lexikon. Man muss kein Zukunftsforscher sein, sondern nur einmal das iPhone von Apple betrachten, um vorauszusagen, dass Ernst Jüngers Phonophor bald in jedem Mediamarkt zu kaufen ist.

Der Computer wird von der Blackbox zum Kleidungsstück und schließlich zum Implantat. Die Nanotechnologie arbeitet daran, dass der Computer nicht mehr als Werkzeug, sondern als eine Art Kleidung oder gar Haut erfahren wird. Sensoren im Körper kontrollieren Gesundheit und Stress-Level. An das Global Positioning System (GPS) haben wir uns als Autofahrer längst gewöhnt. Heute entwickelt man sein medizinisches Äquivalent: die permanente Überwachung des biomedizinischen Status. Das ist übrigens ein Nebenprodukt der Weltraumforschung, die schon seit Jahrzehnten an mikroskopisch kleinen Sensoren arbeitet, mit denen der Gesundheitszustand der Astronauten permanent überwacht werden kann.

Wir leben in intelligenten Umwelten. Mikrocomputer dringen in alle unsere Alltagsgegenstände ein: Schuhe, Kleider, Kühlschränke, Zimmerwände. Und prinzipiell wäre es möglich, alle Alltagsobjekte zu vernetzen, um sie ständig unter Kontrolle zu haben. Nicht nur die Menschen wären dann »online«, sondern auch ihre Dinge. Unsere gesamte Umwelt wäre dann von Relais-Stationen durchdrungen. Die Hotspots in Hotels und Cafés und die Bluetooth-Technologie weisen bereits in diese Richtung. Dann wäre auch das heute schon weltweite Netz allgegenwärtig – eine das ganze Leben umhüllende digitale Wolke.

Unter humanistisch gebildeten Menschen überwiegen noch die düsteren Visionen von der Sintflut der Bilder, vom Zerfall der Kultur. Es geht rasend schnell auf den Untergang des Abendlandes zu. Doch dieser Pessimismus hat seine beste Zeit schon hinter sich. Heute mehren sich stattdessen die Heilsversprechen, die das Pfingstwunder des Internets ankündigen. Alle Menschen werden Brüder im Netz. Das technische Netzwerk nährt den sozialen Traum der Gemeinschaft. Und schon verklärt sich das Internet als Soziallabor, elektronisches Rathaus und virtuelles Parlament. Von der politischen Aufklärungsutopie zur Mystik der Vernetzung ist dann nur noch ein Schritt. New-Age- und Gaia-Propheten verkünden den neuen Geist des Cyberspace und praktizieren Weltkommunikation als Religion.

Internet – ja oder nein? Das ist längst nicht mehr die Frage. Es gibt wohl schon heute in der westlichen Welt keinen ernst zu nehmenden Menschen mehr, der das Internet nicht benutzen würde. Aber es gibt einen ganz entscheidenden Unterschied zwischen denen, die das Internet nutzen, und denen, die im Cyberspace leben. Es geht hier um den Unterschied zwischen denen, die im Computer ein Werkzeug sehen, und denen, die mit ihm ganz selbstverständlich spielen, weil sie in die digitale Welt hineingeboren sind. Für die einen sind die neuen Medien Instrumente, für die anderen sind sie Organe.

Deshalb hört man immer wieder die erstaunte Frage: Warum machen die das? Warum gibt es Millionen Menschen im Internet, die teilen, schenken und sich sorgen? Warum gibt es unzählige Autoren, die unbezahlt und anonym Beiträge für eine Online-Enzyklopädie schreiben oder Probleme anderer Leute lösen? Warum sind so viele Kunden bereit, Empfehlungen für andere Kunden zu formulieren und auf die Aufforderung von Amazon oder eBay, »Bewerten Sie Ihren Verkäufer«, zu reagieren? Wer solche Fragen stellt, verrät, dass er zwar das Internet nutzt, aber nicht im Cyberspace lebt.

Die Antwort ist denkbar einfach, allerdings für klassische

Wirtschaftswissenschaftler schwer zu verstehen. Die Leute tun das, weil es ihnen Spaß bereitet. Und Freude ist ein Indikator für Effektivität.

Der katholische Philosoph Pierre Teilhard de Chardin hat einmal von Noosphäre gesprochen und damit eine Art Weltgeist gemeint, der sich um die Erde legt und die Evolution der Menschheit vollendet. Das war in den 20er Jahren des 20. Jahrhunderts natürlich noch reine Theologie. Aber schon in den 60er Jahren hat Marshall McLuhan den Begriff der Noosphäre aufgegriffen, um eine neue Welt zu beschreiben, in der Medien die Sinne und Organe des Menschen erweitern und eine geistige Membran um die Erde legen. Heute macht das Internet aus der Noosphäre technische Wirklichkeit. Und daran mitzuwirken macht den Bewohnern des Cyberspace einfach Freude.

Der Cyberspace ist die Noosphäre des sozialen Reichtums. Wer hätte noch vor zehn Jahren an die Produktivität des Teilens geglaubt? Wer hätte geglaubt, dass eine Strategie des Schenkens und Vertrauens in der kapitalistischen Welt überlebensfähig ist? Aber die Open-Source-Software Linux hat es eindrucksvoll gegen den Monopolisten Microsoft bewiesen. Wikipedia hat es allen Befürchtungen von Kulturkritikern zum Trotz gegen die Encyclopaedia Britannica bewiesen. Und die frechen Jungs, die die File-Sharing-Systeme Napster und Gnutella entwickelt haben, lassen Sony Music noch heute zittern. Hobbyprogrammierer, Laien und Piraten haben den Kapitalismus in ein neues Entwicklungsstadium getrieben.

Weil alle Welt von Heuschrecken, Finanzmonstern und gierigen Managern spricht, wird leicht übersehen, dass es noch nie so viel gelebten Idealismus gab wie heute. Idealistisch gesinnte Menschen gab es natürlich schon immer und durchaus auch in Massen. Aber die Lebensbedingungen, unter denen diese Gesinnung florieren konnte, waren selten gegeben. Heute haben Idealisten nicht nur eine realistische Lebenschance, sondern auch gute Geschäftschancen. Das Internet macht den Idealismus zum Realismus. Das zeigt sich in Amerika natürlich am deutlichsten. Aber auch hierzulande ist es kein Widerspruch mehr, Millionär und zugleich Sympathisant von Attac zu sein. Dass sich Kapitalismus und Idealismus, Profitorientierung und Gerechtigkeitssinn in der Produktion des sozialen Reichtums ergänzen – das ist der neue Geist, der uns optimistisch stimmen sollte.

Teilen, Schenken, Verknüpfen – so entsteht in den Netzwerken sozialer Reichtum. All das klingt nach Freiheit, Solidarität und Demokratie. Doch gibt es auch skeptische Stimmen aus dem innersten Kreis des Cyberspace, die Zweifel anmelden. Ist das Internet tatsächlich ein Medium demokratischer Zusammenarbeit? Das Netz zeigt immer deutlicher aristokratische Strukturen. So sind einige wenige Tagebuchschreiber für den Löwenanteil des Datenverkehrs in der Blogger-Welt verantwortlich. Der Grund ist denkbar einfach: Nur wenige Blogs sind wirklich attraktiv – und die ziehen dann alle Aufmerksamkeit auf sich.

Hier bestätigt sich das Pareto-Gesetz der unbalancierten Reichtumsverteilung: 20 Prozent der Bevölkerung verfügen über 80 Prozent des Reichtums. Das ist ein Effekt, der sich überall dort einstellt, wo Menschen aus einer Fülle von Möglichkeiten frei wählen können. Clay Shirky, der an der New York Universität das Fach Neue Medien lehrt und sich auch als Keynote-Speaker auf Technologiekonferenzen einen Namen gemacht hat, bringt das auf die Formel: Vielfalt + Wahlfreiheit = Ungleichheit. 20 Prozent aller Knoten ziehen 80 Prozent aller Links auf sich. Deshalb macht es keinen Sinn, in derartigen Netzwerken nach repräsentativen, das heißt durchschnittlichen Teilnehmern zu suchen. Statistische Mittelwerte sind hier nicht aussagekräftig.

Wo sich Vielfalt, Ungleichheit und Abweichungsverstärkung verkoppeln, stellt sich die schon 1897 von Vilfredo Pareto entdeckte Verteilung ein, die in der einfachsten Sprache der Wirtschaft besagt: Weniges verkauft sich viel, und Vieles verkauft sich wenig. Dazu kommt es immer dann, wenn viele Menschen eine Fülle von Möglichkeiten haben, ihre Vorlieben auszudrücken. Resultat ist eine Wirtschaft der Stars – und dass die meisten anderen unterhalb des Durchschnitts rangieren. Hier herrscht die Logik der Abweichungsverstärkung. Popularität wächst durch positive Rückkopplung. Es ist also gerade die Wahlfreiheit der Kunden auf den Märkten, die Stars produziert. Denn die Leute wählen, was die Leute wählen.

In jedem Netzwerk gibt es Knoten, auf die besonders viele Links verweisen. Man kann ihre Prominenz im Internet mit der Stellung von Großflughäfen wie Chicago oder Frankfurt im Netz der Flugrouten vergleichen. Je bekannter sie werden, umso mehr Links verweisen auf sie, umso einfacher sind sie im Netz zu finden – und umso vertrauter werden sie uns. Wer sucht nicht mit Google? Und Google weiß, dass die meisten Leute wollen, was die meisten Leute wollen.

Diese Logik der Abweichungsverstärkung führt in der Welt der Blogs einerseits dazu, dass einige Schreiber immer mehr Leser und Zuspruch bekommen. Diese Stars der Blogger-Szene können natürlich nicht mehr auf die Unzahl der Kommentare reagieren und kehren damit ironischerweise wieder in die Welt der klassischen Massenmedien zurück. Denn sie verteilen ja Material an die Vielen, ohne noch an der Kommunikation darüber angemessen teilnehmen zu können. Andererseits gibt es immer mehr Blogs, die nur wenige Leser finden und folglich ein anderes Erfolgskriterium als Popularität brauchen. Der größte Teil der elektronischen Tagebücher wird deshalb ein schriftliches Gespräch unter Freunden sein.

Popularität heißt heute also: Viele Links zeigen auf mich. Und weil Popularität attraktiv ist, wird dem, der hat, noch mehr gegeben. Auch Wissenschaftler, die einen neuen Text schreiben, zitieren höchstwahrscheinlich Texte, die schon vielfach zitiert worden sind – und steigern so deren Popularität. Natürlich wünsche ich mir das auch für diesen Text!

Alle können sich heute im Internet präsentieren, aber nur von wenigen wird Notiz genommen, nur wenige werden sichtbar. Hier gilt tatsächlich der Satz von Bischof Berkeley: Sein heißt Wahrgenommenwerden. Wenn niemand auf meine Website verweist, existiere ich praktisch nicht – im Netz. Wahrgenommenwerden ist alles. Sichtbarkeit im Internet ist eine direkte Funktion der Links, die auf das eigene Informationsangebot verweisen. Wer den Status des Stars aber nicht erreicht, findet sich im langen Schwanz jener Verteilungskurve wieder, die Pareto entdeckt hat.

Dass das Internet Ungleichheit produziert und eine Wirtschaft der Stars begünstigt, stellt für alle radikaldemokratischen Utopisten der neuen Medienwelt eine tiefe Kränkung dar. Gibt es keine Möglichkeit, die Tyrannei der Popularität zu brechen? Chris Anderson, der Herausgeber des Medien-Kult-Magazins *Wired*, hat eine faszinierende Antwort auf diese Frage gefunden. Seine Theorie des »Long Tail« liest sich wie ein Manifest der Befreiung vom Mainstream.

Der »Long Tail« ist der lange Schwanz jener Pareto-Verteilung, die Fülle des Unpopulären. Und Chris Anderson versucht zu zeigen, dass in der Welt des Digitalen der Umsatz des wenig Populären den Umsatz des höchst Populären übertreffen kann.

So verkauft Amazon heute mehr Bücher, die gestern nicht verkauft werden konnten (also tendenziell Ladenhüter), als Bücher, die gestern verkauft wurden (also tendenziell Bestseller). Und Netflix verleiht insgesamt mehr unpopuläre Filme als Bestseller. Ähnliches gilt für iTunes, das Musik wieder in einen Kosmos der Singles verwandelt hat. Mega-Hits und B-Seiten werden in gleicher Weise als Einträge in einer Datenbank behandelt. Der Long Tail ist also der Markt der unzähligen Nischen und des Minderheitengeschmacks.

Die Ökonomie des Long Tail funktioniert besonders gut in der Welt der digitalen Unterhaltung, die keine physische Lagerhaltung braucht. Hier führt der Online-Handel tatsächlich in eine neue Welt des Überflusses, in der Popularität nicht mehr das Monopol auf Profitabilität hat. Wikipedia nutzt den Long Tail des Wissens; Linux nutzt den Long Tail der Programmierer; MySpace nutzt den Long Tail des von den Nutzern selbst produzierten Inhalts; iTunes nutzt den Long Tail der Musik; eBay nutzt den Long Tail der physischen Güter; und so fort.

Die digitale Kulturindustrie wird deshalb dreiteilig sein. Es gibt den Mainstream der Stars, den Long Tail mit der Fülle der Nischenangebote und den Underground. Während der Long Tail ein Teil der Wirtschaft ist, heißt Underground, dass es nichts kosten darf. Technisch wird das möglich durch Programme, die es den Nutzern erlauben, Dateien untereinander zu verteilen. Napster hat das historische Verdienst, der Musikindustrie erstmals eine Gegenarchitektur zum kommerziellen Internet vorgeführt zu haben. Millionen von Computern verwandeln sich in Knoten eines gigantischen Netzwerks, das nicht mehr über zentrale Server geleitet ist. Piraterie leicht gemacht!

Es gibt Wörter fremder Sprachen, zumeist des Englischen, die man einfach ins Deutsche übernehmen muss, weil sie so prägnant, einfach und allgegenwärtig sind. Ein solches Wort ist »link«, die Verknüpfung zwischen zwei Kommunikationsknoten. 1980 hat Tim Berners-Lee das Programm geschrieben, das es Computern erlaubt, Informationen auszutauschen; er ist der Erfinder der Links, der Urvater des World Wide Web, in dem man mit einem Mausklick von einer Webpage zur anderen gelangen kann.

Alle Netzwerke sind Wettbewerbssysteme, in denen Knoten um Links kämpfen. Je mehr Links ein Knoten auf sich ziehen kann, umso überlebensfähiger ist er. Für die Wirtschaft ist der »linking value«, der Mehrwert der Verknüpfung, gerade als sozialer Mehrwert interessant. Wahlakte der Konsumenten sind in Bindungen eingebettet, die in Netzwerke eingebettet sind. Das erfolgreiche Produkt des 21. Jahrhunderts definiert sich nicht mehr nur sachlich über seinen Gebrauchswert, sondern auch sozial über seinen Verknüpfungswert. Mit anderen Worten: Das Produkt bildet den Brennpunkt der Kommunikationen, in die es den Kunden verstrickt. Der soziale Mehrwert der Ware steht deshalb im Zentrum aller Strategien des neuen Marketings – und einige überlegen deshalb schon, ob man nicht besser gleich von »Societing« sprechen sollte. Entsprechend lautet das Motto der Internet-Wirtschaft: Die Verknüpfung ist wichtiger als das, was verknüpft wird.

1973 veröffentlichte Mark S. Granovetter einen epochemachenden Aufsatz mit dem Titel *The Strength of Weak Ties*. Diese scheinbare Paradoxie der Stärke schwacher Bindungen löst sich auf, wenn man ein Netzwerk nicht als kleine, wohldefinierte Gruppe versteht, sondern an die Beziehungen zwischen Gruppen denkt. Granovetter ist Soziologe. Deshalb spricht er von Bindung, wo Ökonomen von Wahl sprechen würden. Das bestätigt die schöne Beobachtung des amerikanischen Wirtschaftswissenschaftlers James S. Duesenberry, bei den Ökonomen gehe es immer nur darum, wie Menschen wählen, während uns die Soziologen zeigen, warum wir keine Wahl haben.

Die Stärke einer Bindung bemisst sich nach Zeitaufwand, Gefühlsintensität, Vertrautheit und Wechselseitigkeit. Solche Bindungen werden durch Geschichten entwickelt. Mark Granovetter konnte nun zeigen, dass schwache persönliche Bindungen starke kommunikative Bindungen sein können. Konkret besteht die Stärke schwacher Bindungen darin, dass Bekannte mehr und wichtigere Informationen bieten als Freunde. Bekanntschaft ist informativer als Liebe.

Je mehr Links man hat, desto schwächer sind sie. Je mehr Verbindungen man pflegt, umso schwächer müssen sie sein. Und wer auf starke Bindungen setzt, muss sich mit wenigen begnügen. Die größte Diffusionskraft liegt bei Leuten, die viele schwache Bindungen pflegen. Einige wenige Leute, die sehr viele Leute kennen, verknüpfen uns mit der Welt.

Damit Netzwerke funktionieren, muss ausreichend großes soziales Kapital vorhanden sein. Die starken Bindungen schließen aus. Sie knüpfen dichte Netzwerke zwischen Verwandten und intimen Freunden. Das stärkt die Ich-Identität und den Zusammenhalt der eigenen Gruppe. Sie bieten die Sicherheit kleiner, aus eng verknüpften Kontakten gewebter Netzwerke, verkapseln uns aber auch im Vertrauten. Schwache Bindungen dagegen schließen ein. Sie verknüpfen entfernte Bekannte und eröffnen die Freiheit großer Netzwerke, die aus lockeren, entflochtenen Kontakten bestehen. Die Verbreitung von Informationen wird deshalb nicht durch starke Bindungen, sondern gerade durch schwache Bindungen gesteigert. Schwache Bindungen machen neue Informationen zugänglich und verbinden verschiedene Gruppen.

Handfeste Aktualität und eine neue, überraschende Dynamik gewinnen diese Begriffe heute im Internet. Das Spektrum seiner virtuellen Gemeinschaften umfasst die Welten des Konsums, der Produktion und der Sorge. Für alle ist ein wechselseitiges Steigerungsverhältnis zwischen Ähnlichkeit und Interaktion charakteristisch. Doch kein Einschluss ohne Ausschluss. Gerade die neuen Medien verstärken ja die Interaktion unter »Ähnlichen«. Das führt aber nicht nur zu lokaler Konvergenz, sondern gleichzeitig auch zu globaler Polarisierung.

Der Soziologe Harrison C. White hat darauf hingewiesen, dass man die Dynamik des »linking« in Netzwerken nur verstehen kann, wenn man nicht nur auf die Prozesse der Netzverdichtung, sondern auch auf die Prozesse der Auflösung von Verknüpfungen achtet. Geburt und Tod, Heirat und Scheidung. Wie jede Liebesgeschichte zeigt, heißt, sich mit der einen zu verbinden, sich von der anderen zu trennen. Goethe hat das in seinem Roman *Die Wahlverwandtschaften* meisterlich vorgeführt.

Ähnlich unterscheidet auch der in Chicago lehrende Soziologe Ronald S. Burt zwischen Verknüpfungen und Strukturlücken im Netzwerk. Solche Strukturlücken finden sich immer dann, wenn von zwei Individuen jeder jeweils das besitzt, was dem anderen fehlt, seien es nun Informationen oder Ressourcen. In jeder Strukturlücke versteckt sich ein Wettbewerbsvorteil, den ein Unternehmer nutzen kann. Das Genie des Unternehmers besteht also darin, Beziehungen zu sehen, die nur durch ihre Abwesenheit sichtbar sind. Er ist der Dritte, der durch sein Dazwischensein Profit generiert. Man könnte sagen: Strukturlücken in Netzwerken saugen unternehmerisches Handeln an.

Starke Beziehungen haben keine Strukturlücken – man denke etwa an das Verhältnis von Vater und Sohn, an die Intimität der Eheleute, aber auch an die Vertrautheit der Freunde. Sehr nüchtern heißt es deshalb bei Ronald Burt: Effektivität verträgt sich schlecht mit Freundschaft. Es sind ja gerade die schwachen Bindungen, die Strukturlücken überbrücken. Und je mehr strukturelle Löcher im Netzwerk sind, umso wahrscheinlicher wird unternehmerisches Verhalten. Der Unternehmer ist immer der lachende Dritte, der als Makler vermittelt; er entdeckt und nutzt strukturelle Löcher.

Man kann sich das an einem der erfolgreichsten Unternehmen unserer Zeit ganz leicht klarmachen. Das virtuelle Auktionshaus eBay bietet nichts anderes als Linking und Rating, also die Verknüpfung und Bewertung von Käufern und Verkäufern. eBay stellt lediglich eine Website zur Verfügung, auf der man sich treffen und über einen Preis verhandeln kann, und Filter, die es dem Käufer erleichtern, einen Verkäufer zu finden. Mit anderen Worten: Das Unternehmen siedelt sich in dem Strukturloch zwischen Käufern und Verkäufern an und verdient nun durch das bloße Verknüpfen. Hinzu kommt das Rating: die Macht der Vielen im Filtern und Bewerten. Bevor man bei jemandem kauft, kann man sehen, wie andere ihn bewertet haben – das »Karma« der Geschäftspartner.

Ähnliches gilt für ein Unternehmen, das einmal als virtuelle Buchhandlung begonnen hat: Amazon. Auch der Mehrwert, den Amazon bietet, ist ein »linking value«. Sobald man einen elektronischen Einkauf getätigt hat, erscheint auf dem Bildschirm die Nachricht: »Kunden, die dieses Buch gekauft haben, haben auch … gekauft.« So bekommt jeder Kunde Echtzeitinformationen über Konsumtrends und findet allmählich heraus, zu welchen Geschmacksgruppen er gehört. Folgt man den Empfehlungen, kann man praktisch unendlich lange den Long Tail der Kulturnischen entlang surfen.

Hier sind Algorithmen am Werk, die Empfehlungen erstellen, indem sie Muster des Kaufverhaltens abtasten. Mit anderen Worten: Ein Computerprogramm identifiziert die Vorlieben derjenigen, die gekauft haben, was man gerade selbst gekauft hat, und produziert so eine Reihe von Empfehlungen, die dem eigenen Geschmack entsprechen müssten. Der Mehrwert, den Amazon damit bietet, besteht also in einem Marketing der Präferenzen. Die Formel »Leute, die x kaufen, kaufen auch y« funktioniert wie ein Beziehungsgenerator. Indem man ein Buch kauft, wählt man eine neue Gruppe, zu der man gehört. Und je häufiger man kauft, umso besser wird man dem Programm bekannt, das jene Beziehungen verkauft.

Dass endlose Wahlmöglichkeiten eine unbegrenzte Nachfrage schaffen, ist die konkrete Utopie der neuen Internet-Ökonomie. Doch damit die Wahl nicht zur Qual wird, muss sie standardisiert werden. Deshalb gibt es ein großes Interesse an Portalen und Suchmaschinen, die uns beim Umgang mit der Überfülle helfen. Das hat Google erkannt und mit dem Page-Rank-Algorithmus eine elegante Lösung für das Problem der Überfülle gefunden. Alle Webseiten entscheiden, welche Seiten für eine bestimmte Suche die wichtigsten sind. Auch das heißt »linking value«: Filtern – Sortieren – Verknüpfen.

Und ganz nebenbei hat Google damit die Welt der klassischen Werbung revolutioniert. Das Problem der Werbung in den Massenmedien bestand ja schon immer darin, mit Schrot auf Zielgruppen schießen zu müssen. In der Internet-Welt dagegen ist es möglich, Werbebotschaften exakt mit bestimmten Suchanfragen zu verknüpfen. Der PageRank-Algorithmus hilft also nicht nur den Kunden, das sie interessierende Angebot zu finden, sondern auch den Produzenten, mit ihrer Werbung die sie besonders interessierenden Kunden, ihre Zielgruppe zu erreichen. Das macht Werbung im Internet nicht nur treffsicher, sondern auch preiswert – man kauft sich einfach in einem automatisierten Auktionsverfahren einige Schlüsselwörter.

Nirgendwo lässt sich die Produktion des sozialen Reichtums direkter beobachten als im Cyberspace. Die Internet-Kultur besteht in erster Linie in der Pflege des Netzwerks selbst, also eines Angebots von Beziehungen und Verknüpfungsmöglichkeiten. Wer in dieser Welt arbeitet, arbeitet mehr, als er weiß. Jeder, der heute einen Job hat, hat auch einen Zweitjob, eine Nebentätigkeit. Dieser Zweitjob ist Kommunikation. Und im Zeitalter des Internets wird diese Nebentätigkeit, das Netzwerk zu pflegen, immer mehr zur Hauptsache, zur eigentlichen Arbeit. Mit Blick auf die Organisation von Unternehmen leuchtet das unmittelbar ein. Wenn Hierarchien durch Netzwerke ersetzt werden, besteht die Aufgabe des Managers darin, die Kommunikationsverhältnisse zu betreuen; er ist nicht mehr der General, sondern der Dirigent – oder der Therapeut.

Der Markt als Gespräch – das ist keine Übertreibung eines Theoretikers, sondern das Selbstverständnis der Internet-Wirtschaft. Gefragt ist die Stimme eines Mitglieds der eigenen Gemeinschaft. Die Lust, sich selbst darzustellen, Geschichten zu erzählen und andere in Gespräche zu verwickeln, macht das Internet zu einem Basar, das heißt zu einem Ort, an dem jeder zugleich Teilnehmer und Publikum ist. Der Markt als Gespräch bringt uns nicht das Ende der Marken. Aber was eine Marke bedeutet, ergibt sich jetzt aus dem Gespräch des Marktes, den Kundenkommentaren und Empfehlungen – mit einem Wort: aus der Konsumöffentlichkeit des Internet. Die Empfehlungen der globalen Mundpropaganda schlagen Schneisen durch das Dickicht der Informationen.

Um zu verstehen, unter welchen Bedingungen solche Empfehlungen tatsächlich für den Einzelnen wertvoll sein können, muss man zwei Formen der Informationsverarbeitung unterscheiden. Es gibt Informationskaskaden – aber auch die Weisheit der Vielen. Informationskaskaden sind dadurch gekennzeichnet, dass sich niemand mehr auf die eigenen, privaten Informationen verlässt. Stattdessen vertraut man auf die Informationen derer, die sich selbst zu vertrauen scheinen und keine Unsicherheit zeigen. Angst ist fast immer ein solcher Kaskadeneffekt. Man fürchtet sich vor etwas, weil die anderen sich davor fürchten und weil die Medien uns dramatische Beispiele des Bedrohlichen vor Augen führen. Wer etwa die Bilder von Kampfhundopfern oder geschändeten jungen Mädchen gesehen hat, lässt sich kaum noch dazu überreden, seine Befürchtungen seien grundlos. Wenn jemand dem Urteil der anderen folgt, ist das für ihn selbst meist von Vorteil. Informationskaskaden reduzieren für den Einzelnen die Kosten der Informationsverarbeitung und des Entscheidens.

Auch Popularität, Ruhm und Größe sind Kaskadeneffekte. Sie entstehen durch den Konsens der Vielen, die ständig die Meinungen der Vielen beobachten. Man glaubt an etwas oder jemanden, weil andere daran glauben. Nicht die Qualität eines Films, sondern die Meinung der Zuschauer entscheidet über den Erfolg. Wer etwa den fabelhaften Erfolg der Harry-Potter-Bücher verstehen will, muss sich nicht den Text selbst, sondern den simplen Sachverhalt vor Augen führen, dass die Leute lesen, was ihre Freunde lesen. Und dass Erfolg ein Netzwerkeffekt ist, beweisen auch Alltagsphänomene wie Piercings, iPods oder Drogenkonsum. Das sind soziale Kaskaden, die sich wie eine ansteckende Krankheit entwickeln.

Von diesen Informationskaskaden gilt es die Weisheit der Menge scharf zu unterscheiden. Bei ihr ist Vielfalt wichtiger als

Intelligenz. Viele Dumme können klüger sein als der Klügste, wenn sichergestellt ist, dass sie ihre abweichenden Urteile ungehindert ins Gesamturteil einbringen können. Die Klugheit der Menge verdankt sich also dem Dissens, nicht dem Konsens. Nicht Diskussionen bringen unsere Gesellschaft weiter, sondern der Mut zur abweichenden Meinung.

Aristoteles durfte sich noch zutrauen, die Welt des Wissens in einem Einmannunternehmen zu ordnen. Gut 2000 Jahre später beschäftigte die von Diderot und D'Alembert herausgegebene *Encyclopédie* schon über 200 Mitarbeiter, darunter Voltaire, Rousseau, Condorcet und Montesquieu. Und heute arbeiten 200 000 Beiträger an Wikipedia mit, der weltweiten Selbstorganisation des Laienwissens. Hier entsteht ein von ganz normalen Menschen produziertes Weltwissen, das den Profis der Wissenschaftswelt harte Konkurrenz macht.

Auf welche ursprüngliche Intuition dieses Projekt zurückgeht, wird viele überraschen. Jimmy Wales, der Begründer von Wikipedia, hat die Laienenzyklopädie im Anschluss an einen Gedanken des wichtigsten Vertreters der österreichischen Schule der Nationalökonomie, Friedrich von Hayek, entwickelt: der Wettbewerb als Entdeckungsverfahren. Hayek beschrieb das Preissystem des freien Marktes als eine unüberbietbar ökonomische Weise des Umgangs mit dem Wissen der Marktteilnehmer. Wer sich an den Preisen orientiert, muss nur sehr wenig wissen, um auf dem Markt richtig zu handeln. Die Änderungen, an die man sich anpassen muss, um erfolgreich zu handeln, spiegeln sich in der Preisbewegung. Deshalb genügt das Wissen, das man aus der Beobachtung von Preisbewegungen gewinnt – ähnlich wie ein Techniker die Zeiger von Armaturenbrettern und Zifferblättern beobachtet.

Insofern ist jeder Markt ein Markt des Wissens. Die Kenntnis der wichtigen Fakten ist unter vielen Menschen verteilt. Weil alle klüger sind als jeder, gibt es zur Marktwirtschaft keine Alternative. Überträgt man nun Hayeks Theorie des Marktwissens auf das Weltwissen, dann muss man einen Mechanismus entwickeln, der dem Preissystem entspricht. Und das sind im Internet die Blogger-Sphäre, die Open-Source-Politik und die Wiki-Autorschaft als Mechanismen der Sammlung, Korrektur und Verfeinerung des in der Welt verstreuten Wissens. Ungeheure Informationsmengen werden effektiv verarbeitet, obwohl jeder Einzelne nur wenig Wissen einbringt und keine übergeordnete Autorität regulierend oder koordinierend eingreift. Open Source bedeutet nämlich: Jeder nutzt es, keinem gehört es, jeder kann es verbessern. Man kann also das Internet als evolutionären Computer begreifen, den alle programmieren können.

Friedrich von Hayeks entscheidende Einsicht lautet, dass alle klüger sind als jeder und dass der Marktmechanismus diese Klugheit ausnutzt. Dieser Gedanke steht auch hinter den sogenannten Entscheidungsmärkten im Internet. Auf Entscheidungsmärkte setzen heißt nämlich wetten statt diskutieren! Ganz alltäglich beendet man ja einen Dissens oft mit der Frage: Wollen wir wetten? Die zur Schau gestellte Überzeugung soll sich also in Geld darstellen – statt immer nur weiter zu diskutieren. Und wer eine Wette vorschlägt, signalisiert damit, dass er von seiner Ansicht tatsächlich überzeugt ist. Wenn es also etwa um die Frage geht, ob die Weltfinanzkrise im Jahre 2010 überwunden sein wird, kann man die Gewissheit der »Experten« ganz einfach testen, indem man sie fragt, wie viel sie auf ihre Prognose zu wetten bereit sind. Ist das nicht eine wunderbare Perspektive? Wenn uns das nächste Mal der Fernseh-Wetterfrosch einen »Jahrhundertsommer« voraussagt, der Börsenguru eine »todsichere Investition« empfiehlt und der Zukunftsforscher den »Megatrend« des nächsten Jahres verkündet, fragen wir ihn einfach: Bist du bereit, für deine Prognose 5000 Euro auf einem Meinungs- und Entscheidungsmarkt zu hinterlegen?

Alle sind klüger als jeder Einzelne, wenn jeder Einzelne sein Wissen und seine Erfahrungen ohne Konsensdruck, gleichsam im Schutz der Anonymität einbringen kann. Unter solchen Rahmenbedingungen ist Schwarmintelligenz, die Weisheit der Vielen, tatsächlich möglich. Die Vielen sind zwar nicht besonders innovativ, aber unglaublich selektionsstark. Das wird auch durch Fernsehsendungen wie »Wer wird Millionär?« eindrucksvoll gezeigt. Wenn der Kandidat nicht mehr weiterweiß, kann er die Zuschauer befragen, die unabhängig voneinander zwischen vier vorgegebenen Antworten wählen können. Und fast immer liegen die Zuschauer, die Vielen, richtig. Die Gruppe erfindet nichts Neues, aber sie ist stark in der Auswahl zwischen Lösungsmöglichkeiten. Die Arbeitsteilung der Internet-Kultur müsste also so aussehen: Der Einzelne entwickelt neue Ideen, die Gruppe wählt die guten Ideen aus. Diese Auswahl- und Filterfunktion wird auch deshalb immer wichtiger, weil der Mist ins Unbegrenzte wächst.

Der amerikanische Kolumnist James Surowiecki hat die vier Bedingungen genauer benannt, die erfüllt sein müssen, wenn Schwarmintelligenz sich bilden soll. Erstens muss Meinungsvielfalt gewährleistet sein. Jeder Einzelne trägt seine privaten Informationen bei. Zweitens muss jeder Teilnehmer unabhängig sein, das heißt, er muss sein Urteil ohne den sozialen Druck der anderen bilden können. Die dritte Bedingung lautet Dezentralisierung, das heißt die Verfügbarkeit von speziellem und lokalem Wissen. Schließlich braucht man, viertens, einen Mechanismus, der die vielen Privaturteile in eine Kollektiventscheidung verwandelt. Diesen Anforderungen entsprechen heute der Page-Rank-Algorithmus von Google genauso wie die Techniken des Rating und Ranking bei MySpace, Netflix, eBay oder Amazon. Hier ist überall eine clevere Software am Werk, die das Verhalten unzähliger Konsumenten in »Echtzeit« analysiert. Und der Technikerausdruck Echtzeit bedeutet für jeden normalen Menschen: praktisch gleichzeitig.

So untergraben Suchmaschinen und »Wikis« die Autorität der Experten. Man kann deren Aussagen jetzt leicht überprüfen. Plötzlich fangen Patienten an, mit dem Arzt über Therapiemöglichkeiten zu diskutieren. Soll man dem Hausarzt trauen oder der Datenbank? Man kann es auch so sagen: Das Internet setzt zunehmend an die Stelle der Autorität des einen Experten die Schwarmintelligenz der vielen Experten des Alltags. So entsteht ein Marktplatz der virtuellen Interessen- und Geschmacksgemeinschaften. Sie kritisieren Waren, Dienstleistungen und Events. Und diese kritischen Meinungen werden dann ihrerseits der Konsumentenkritik ausgesetzt. Dadurch bildet sich ein Netz des Vertrauens, das der Journalist Manfred Dworschak treffend als Jahrmarkt der Meinungsfreude beschrieben hat. Wie gesagt: Nirgendwo lässt sich die Produktion des sozialen Reichtums direkter beobachten als im Cyberspace.

Die Produktion des sozialen Reichtums in den Netzwerken löst zwei der größten Probleme unserer Gesellschaft, die von Ökonomen und Soziologen als die »Tragödie der öffentlichen Güter« und das »Gefangenendilemma« bezeichnet worden sind. Worum es bei der »Tragödie der öffentlichen Güter« geht, kann man sich an ganz einfachen Beispielen klarmachen. Ich nehme eine Zeitung aus dem Kasten oder eine Kerze in der Kirche, ohne zu zahlen. Ich schleiche mich in eine Veranstaltung ein oder springe über die Absperrung der Haupttribüne – und es entsteht kein sichtbarer Schaden. Soziologen diskutieren dieses Problem unter dem Begriff des Trittbrettfahrers.

Unser Steuersystem etwa ist so komplex, dass es chaotisch wirkt. Deshalb gibt es keinen Anreiz für Kooperation. Und deshalb ist die natürliche Reaktion unsolidarisches Verhalten, also Steuerhinterziehung – oder doch zumindest die Anwendung der 1000 legalen Tricks. Ich parke in der zweiten Reihe oder gehe bei Rot über die Ampel, wenn genügend andere es tun. Der Schaden, den das egoistische Verhalten des Einzelnen anrichtet, ist in den meisten Fällen tatsächlich kaum messbar. Das gilt ja selbst für das Reinigen eines Schiffstanks auf hoher See. »Aber wenn jeder so handeln würde ...« Deshalb ruft alle Welt nach Ethik. Man kann es auch so sagen: Je größer eine Gruppe ist, desto geringer sind die Chancen für gemeinsame, öffentliche Interessen, weil der Beitrag des Einzelnen kaum wahrnehmbar ist. Und öffentliche Ressourcen werden rasch von allen ausgebeutet, weil jeder der Mäßigung des anderen misstraut. Das ist die Tragödie der öffentlichen Güter.

Das Problem ist natürlich so alt wie das gesellschaftliche Leben selbst, aber erst im 20. Jahrhundert ist es den Wissenschaftlern gelungen, ein Modell dafür zu finden. Es ist das »Gefangenendilemma«, das Herzstück der sogenannten Spieltheorie. Dass diese neue Wissenschaft sich vor allem im Kalten Krieg bewährt hat, zeigt, dass es in der Spieltheorie durchaus um den Ernst des Lebens geht.

Nun gibt es zwei Möglichkeiten zu spielen. Entweder man spielt, um zu spielen, oder man spielt, um Probleme zu lösen. Spielen um des Spielens willen ist immer ein lokales Handeln. Dagegen verfolgt das problemlösende Spielen auch globale Ziele. Wer Lust am Spiel hat, muss also anderes im Auge behalten als nur die Frage nach dem Gewinnen. Man kann es auch so sagen: Wer weiterspielen will, muss an der Gleichheit des Gegners interessiert sein. Bayern München kann selbst nicht wünschen, jedes Jahr Deutscher Meister zu werden. Das Spielen um des Spielens willen hat also ein vorrangiges Interesse an organisierter Gleichheit. Das problemlösende Spielen wird dagegen beherrscht von der Frage, wer gewinnt.

Das »Gefangenendilemma« ist ein geniales Spiel, das der amerikanische Mathematiker Merrill M. Flood vor gut fünfzig Jahren erfunden hat. Und das ist die Situation: Zwei Gangster, nennen wir sie Norbert und Wilfried, werden wegen einer gemeinsam verübten Straftat in getrennten Zellen festgehalten. Der Gefängnisdirektor macht jedem der beiden den Vorschlag, den jeweils anderen gegen Strafminderung zu verraten. Wenn beide dichthalten, können sie nur wegen eines geringeren Vergehens bestraft werden und bekommen jeweils drei Jahre Haft. Wenn einer den anderen verrät, bekommt der Geständige ein Jahr und der andere zehn Jahre. Wenn sich beide gegenseitig verraten, bekommen jeder sechs Jahre Haft. Nach einigem Überlegen wird sich jeder der beiden entscheiden, den anderen zu verraten, denn das bringt ihm in jedem Fall das bestmögliche Ergebnis. Die Situation ist für Norbert und Wilfried exakt dieselbe. Spielen wir sie für einen der beiden einmal durch. Wilfried verrät Norbert. Hält Norbert dicht, so bekommt Wilfried selbst nur ein Jahr Gefängnis. Verrät Norbert auch, so bleibt Wilfried immerhin die Höchststrafe erspart.

Aus der Perspektive des Einzelnen ist es also vernünftig, das Gefangenendilemma aggressiv zu spielen. Denn wie auch immer sich der andere verhält: Verrat bringt das beste Ergebnis für den Einzelnen. Doch das logisch Zwingende ist nicht unbedingt auch klug. Die individuelle Rationalität führt ja für beide Spieler zu einem schlechten Ergebnis. Zugespitzt lautet das Dilemma: Jeder ist besser dran, wenn er egoistisch ist, aber beide sind besser dran, wenn sie kooperativ sind.

Wer meint, dieses Szenario sei einem Mathematikerhirn entsprungen und hätte mit dem wirklichen Leben nichts zu tun, muss nur einmal wieder in die Oper (!) gehen. Und zwar in Puccinis »Tosca«. Die Story ist rasch erzählt. Der korrupte Polizeichef Scarpia verurteilt Toscas Liebhaber Cavaradossi zum Tode. Nun bietet Scarpia Tosca einen Tausch an: Sex gegen Leben. Wenn sich Tosca ihm hingibt, dann weist er das Erschießungskommando an, nur Platzpatronen zu laden. Logisch eröffnen sich vier Möglichkeiten: 1. Scarpia bekommt Tosca, und Cavaradossi bleibt am Leben. 2. Scarpia bekommt Tosca, aber Cavaradossi wird doch erschossen. 3. Cavaradossi wird verschont, aber Tosca gewährt keinen Sex. 4. Beide betrügen sich gegenseitig. Es kommt nicht zum Sex, und Cavaradossi wird erschossen. Diese letzte Möglichkeit ist bekanntlich die Geschichte, die Puccinis Oper erzählt.

Das Gefangenendilemma zeigt uns also, wie die Vernunft des Egoismus zum allgemeinen Schlechten führt. Es geht immer darum, dass die rationale Wahl des Einzelnen nicht zur besten Entscheidung führt. Es brennt im Kino, und alle rennen zum Ausgang. Die dadurch entstehende Panik ist die unmittelbare Folge individuell rationalen Handelns. Natürlich würden alle Kinobesucher besser fahren, wenn sie alle dem Kooperationsgebot »Verhalten Sie sich ruhig!« folgten. Aber jeder Einzelne handelt völlig rational, wenn er um sein Leben rennt.

So weit, so traurig. Nun kann man sich aber fragen, ob sich etwas an dieser tragischen Situation verändert, wenn die Spieler häufiger aufeinander treffen. Werden sie sich aufgrund der schlechten Erfahrungen, die sie schon in ähnlichen Situationen mit individueller Rationalität gemacht haben, anders entscheiden und kooperativ verhalten? Genau das hat der amerikanische Politikwissenschaftler Robert Axelrod untersucht. Was geschieht, wenn man das Dilemma mehrfach wiederholt und verschiedene Strategien ausprobiert? Axelrods verblüffendes Ergebnis lautet: Es gibt keine umweltunabhängigen Spielregeln für Sieger. Was jeweils die beste Strategie ist, hängt vom Verhalten des Gegenspielers ab. Mit anderen Worten: Wenn man die Zukunft in Betracht ziehen muss, gibt es keine »beste« Strategie. Es kann deshalb nicht darum gehen, das Programm, nach dem man spielt, zu optimieren, sondern nur darum, es robust zu gestalten.

Was Robustheit heißt, lässt sich sehr genau durch fünf Eigenschaften definieren. Eine robuste Strategie ist, erstens, nett, das heißt kooperationsbereit. Die einfachste Definition von »nett« lautet: Beginne ein Spiel nie mit einer Aggression. Eine robuste Strategie ist, zweitens, provozierbar, sie lässt sich also nicht ausbeuten. Der Spieler muss bereit sein, wenn notig zurückzuschlagen. Eine robuste Strategie ist, drittens, versöhnlich, und das heißt im Kern: vergesslich. Es genügt die Erinnerung an den letzten Spielzug. Das robuste Programm ist also auch nach einer Aggression des anderen noch kooperationsbereit. Eine robuste Strategie ist, viertens, nicht eifersüchtig. Das Geheimnis des Erfolgs liegt darin, den anderen nicht um seinen Erfolg zu beneiden. Und schließlich fünftens: Eine robuste Strategie ist transparent. Während man in Nullsummenspielen die Strategie verheimlichen muss, muss man sie in Nichtnullsummenspielen veröffentlichen.

Wir können daraus schon etwas Entscheidendes lernen. Um in sozialen Netzwerken erfolgreich zu sein, darf man weder ein Zyniker noch ein Gutmensch sein. Der Gutmensch spielt die Jesus-Strategie der bedingungslosen Kooperation. Schlägt man dir auf die eine Wange, dann halte auch noch die andere hin. Das ist zwar nett, aber diesem Programm fehlt die Provozierbarkeit. Der Zyniker dagegen spielt bedingungslos aggressiv. Das ist weder nett noch versöhnlich und schafft nur ein Gleichgewicht des Misstrauens. Dem zu Kooperativen droht Ausbeutung, dem zu Aggressiven droht Eskalation. In der goldenen Mitte liegt das robuste Programm.

Das Gefangenendilemma löst sich also auf, wenn man die Spieler in soziale Netzwerke verstrickt. Und daraus können wir das Fazit ziehen: Kooperation erzeugt Moral. Kein Missverständnis, bitte. Ich will hier nicht die Möglichkeit ausschließen, dass jemand einfach altruistisch handelt. Aber Altruismus kann es auf Dauer und erfolgreich nur geben, wenn er die Überlebensfähigkeit, die Bewährung in der Umwelt steigert. Es geht mir um den schwachen Altruismus des aufgeklärten Selbstinteresses, der für den neuen Geist des Kapitalismus so charakteristisch ist. Moral kommt in die Wirtschaft durch dauerhafte Beziehungen und Vernetzungen. Die Zukunft wirft ihren Schatten auf das, was ich heute tue. Das ist die Welt, in der es intelligent ist, nett zu sein.

Dass unser moderner Alltag so unspektakulär verläuft und dass es in der Politik heute weder Visionen noch große Reformen gibt, bekommt vor dem Hintergrund des gerade Gesagten einen guten Sinn. Denn vertrauensvolle Zusammenarbeit wird durch die Kleinteiligkeit der Interaktionen und Transaktionen gefördert. Der Fortschritt zerfällt in viele kleine Schritte! Diese Kleinteiligkeit ist deshalb sinnvoll, weil damit die Kosten des Verrats geringer werden. Ich komme dem anderen einen kleinen Schritt entgegen und gebe ihm die Chance zur Zusammenarbeit. Wenn er aggressiv reagiert, habe ich nur wenig verloren. Die Kleinteiligkeit des Sichdurchwurstelns steigert also die Kooperationsbereitschaft. Das gilt gerade auch für politische Koalitionen.

Dass Menschen miteinander kooperieren, weil sie Vertrauen ineinander haben, ist für unser Thema also völlig uninteressant. Uns interessiert umgekehrt, wie Kooperationsangebote Vertrauen schaffen und wie das Vertrauen dann die Transaktionskosten reduziert. Allerdings muss man sich auch immer im Klaren sein, dass der nette Einzelne in einer Welt von Fieslingen keine Chance hat. Die Netten müssen schon als Gruppe auftreten, und es ist eine mathematische Frage, wie groß die Sekte der Netten sein muss, um der Invasion der Freundlichkeit zum Erfolg zu verhelfen.

Wer dagegen Erfolg hat, indem er die Dummheit der anderen ausnutzt, zerstört damit die Umwelt, in der er Erfolg haben kann. Mit anderen Worten: Wer nicht nett ist, hat kurzfristig Erfolg, unterminiert aber die Bedingungen seines Erfolgs. Räuberische Strategien plündern ihre eigenen Erfolgsbedingungen. Und umgekehrt ist das Programm der robusten Nettigkeit eines, das gewinnt, ohne andere zu besiegen. Es begreift den Erfolg des anderen als Bedingung des eigenen. Erfolg habe ich demnach nicht durch die Schwächung des anderen, sondern durch die Stärkung der gegenseitigen Interessen. Erfolg hat, wer mit Erfolgreichen interagiert. Profit für alle! Damit sind wir in einer Nichtnullsummenwelt. Und hier muss man nicht besser sein als der andere, um erfolgreich zu sein. Für Fußball- und Pokerspieler ist das schwer zu begreifen. Denn gerade das eifrige Gewinnenwollen blockiert in der Nichtnullsummenwelt die Maximierung des eigenen Gewinns.

Wir lernen schon als Kinder das Spielen von Nullsummenspielen, die nur eine Belohnung kennen: das Gewinnen als solches. Und dass ich gewinne, bedeutet, dass der andere verliert.

Es gehört ausdrücklich zur Fairness der Nullsummenspiele, dass jeder Spieler gewinnen will. Es ist also wichtiger, den Gegner zu schlagen, als die eigene Punktezahl zu steigern. Die drei geschossenen Tore sind wertlos, wenn der Gegner vier schießt. Es geht hier nicht darum, die absolute eigene Punktezahl zu steigern, sondern die relative. Wenn Hertha BSC 3:4 gegen Bayern München verliert, können sich die Berliner nicht über ihre drei Tore freuen. Für den Nullsummenspieler ist »mehr« wichtiger als »viel«. Der Wettbewerbsimpuls fördert diese aggressive Strategie, die jederzeit eine Eskalation riskiert.

Ich liebe Fußball, aber ich muss einfach einsehen, dass ich aus diesem Spiel nichts über die entscheidenden Kräfte unserer Gesellschaft lernen kann. Wir müssen uns vielmehr auf die Nichtnullsummenspiele konzentrieren, bei denen jeder Teilnehmer gewinnen kann. Das Konzept der *Coopetition*, also *Cooperation* plus *Competition*, verträgt sich sehr gut mit der Logik des kapitalistischen Marktes, der ja soziale Ordnung durch wechselseitige Anpassung erreicht. Als Netz von Transaktionen ist der moderne Markt dem Internet weit ähnlicher als dem mittelalterlichen Marktplatz. Jeder Marktteilnehmer ist kooperativ mit Millionen anderer Marktteilnehmer verknüpft, aber er steht immer nur mit sehr wenigen in unmittelbarem Wettbewerb. Zusammenarbeit und Wettbewerb schließen einander nicht aus, sie steigern sich gegenseitig. In Amerika heißt das Win-Win, ich nenne es: Profit für alle.

Warum es intelligent ist, nett zu sein

Das Erfolgsgeheimnis des Sozialkapitalismus

Ich habe dieses Buch vor dem Hintergrund der Weltwirtschaftskrise geschrieben. Jeder weiß, dass es sich im Kern um eine
Krise der Finanzmärkte handelt. Die Banker sind schuld! Und
natürlich, wie immer, die unverantwortlichen Manager, die ein
Unternehmen an die Wand fahren, um sich dann noch Mil-
lionenbeträge als Boni auszahlen zu lassen! Diese Interpretation
ist deshalb so unwiderstehlich, weil die Finanzmärkte gleichzeitig übermächtig und unverständlich sind. Kein normaler
Mensch versteht, was Hedge-Fonds und Derivate sind, und deshalb reagieren wir, wenn es schiefläuft, mit Angst und Wut.

Kein Tag vergeht, an dem nicht über Skandale in der Wirt-
schaft berichtet würde. Seit Franz Müntefering die Hedge-Fonds
als »Heuschrecken« anprangerte, breitet sich die moralische
Kritik der Wirtschaft kaskadenartig aus. Dass ausgerechnet
Bundespräsident Horst Köhler, dem man gerade auf diesem
Sachgebiet besondere Kompetenz zugeschrieben hat, in einem
Anfall von Populismus die großen Spieler der Finanzmärkte als
»Monster« bezeichnet hat, ist Wasser auf die Mühlen derer, die
lieber emotionalisieren als analysieren. Und auch die Bundes-

kanzlerin nutzt neuerdings jede sich bietende Gelegenheit, die Manager moralisch zu »ermahnen«.

So entsteht der Eindruck, die Entscheider der Wirtschaft würden immer korrupter und unmoralischer. Dieser Eindruck ist zwar irrig, aber es ist wichtig zu begreifen, wie er entstehen konnte. Dafür gibt es zwei Gründe. Zum einen werden wir, die Wähler, Leser, Zuschauer und Kunden, immer sensibler für unmoralisches und sozial verantwortungsloses Verhalten – gerade auch in der Wirtschaft. Wir sind zunehmend bereit und in der Lage, Unternehmen und Marken für die Art und Weise, wie sie sich in der Öffentlichkeit ihrer sozialen Verantwortung stellen, zu belohnen oder zu bestrafen.

Zweitens nimmt die Sichtbarkeit des Unkorrekten zu. Seit wir in der Internet-Gesellschaft leben, schwinden die Möglichkeiten, etwas geheim zu halten. Man ist gut beraten, sich darauf einzustellen, dass alles, was man tut, ans Licht der Öffentlichkeit kommt oder doch zumindest Datenspuren hinterlässt. Fast alle wissen fast alles über fast jeden. Und deshalb wird »das Böse« immer aufdringlicher sichtbar – sei es die Bestechung, sei es die Bespitzelung, sei es die soziale Ungerechtigkeit der extrem ungleichen Einkommen.

Bespitzelung von Mitarbeitern und Kunden ist nicht nur eine Katastrophe des Vertrauens, sondern schlicht kriminell und wird in der Regel einschlägige juristische Konsequenzen haben. Hier ist das moralische Urteil einfach und unstrittig. Trotzdem könnte ein guter Wirtschaftsjournalist zeigen, welche rationalen Motive hinter derartigen Maßnahmen stehen, zum Beispiel der Kampf gegen Betriebsspionage.

Beim Thema Bestechung geht es zumeist um Bestechung im Ausland – ein Geschäftsgebaren, das vor kurzem noch steuerlich absetzbar war. Wer daraus einen Skandal macht, gerät in die

Gefahrenzone der Heuchelei. Auch hier müsste ein aufgeklärter Journalismus den Lesern und Zuschauern zeigen, dass in den meisten Weltgegenden gar nichts läuft, wenn kein Schmiergeld fließt. Moral ist keine Entschuldigung dafür, keinen Profit zu machen. Und gerade deshalb gibt es nichts Komplexeres als die Ethik eines weltweit operierenden Wirtschaftsunternehmens.

Und schließlich die Managergehälter. Hier geht es um Ungleichheit. Man könnte auch sagen: um Neid, das deutsche Laster. Niemand neidet allerdings den Fußballstars und Hollywood-Sternchen ihre exorbitanten Verträge und Gagen. Das liegt ganz einfach daran, dass ihre Leistung vollkommen sichtbar ist und jeder Laie sich ein Urteil erlauben kann. George Clooney und Christiano Ronaldo haben sich ihre Millionen verdient. Sie sind sichtbar besser, attraktiver, effektiver als die anderen.

Ganz anders steht es um die Topmanager. Sie verdienen zwar ähnlich viel Geld, aber ihre Leistung bleibt für den Laien, also für Bürger wie Sie und mich, unsichtbar. Kein normaler Mensch hat eine Ahnung, was Josef Ackermann wirklich tut. So bleibt nur das Victory-Zeichen in Erinnerung. Und hier müsste ein gewissenhafter Wirtschaftsjournalist ansetzen. Er müsste zeigen, dass gute Manager genauso knapp sind wie gute Fußballspieler; und dass sie ihr Geld verdient haben, weil der Markt es hergibt. Wer als Journalist ein wenig stolz ist auf seine Unabhängigkeit und Intelligenz, müsste gerade heute Lust verspüren, die neuen Sündenböcke der Nation zu verteidigen.

Dass das so selten geschieht, hängt mit der Logik der Massenmedien zusammen. Es gibt zwei Todsünden des Journalismus: das Moralisieren und das Dämonisieren. Man kennt das aus dem Mittelalter: Schlimmes geschieht, irgendjemand muss schuld daran sein – und der wird dann als der Böse an den Pranger gestellt. Die Versuchung dazu ist sehr groß, denn man lernt rasch, dass man das Publikum am leichtesten mit Skandalen und Sensationen ködern kann. Alle Massenmedien machen aus dem, was in der Welt geschieht, moralische Probleme, indem sie es auf Entscheider und Betroffene, auf Täter und Opfer reduzieren. Man braucht Schuldige, um die Komplexität der Welt handhabbar zu machen. Die Journalisten nennen also Namen als Antwort auf die Frage, warum schiefläuft, was schiefläuft. Diese Personifizierung vereinfacht die Welt bis zum Bild auf dem Titelblatt der Nachrichtenmagazine.

»Gerechtigkeit« geschieht. Der korrupte Wirtschaftsführer wird an den Medienpranger gestellt, und die Medien inszenieren den Skandal als demokratischen Schauprozess, den die Zuschauer lustvoll konsumieren. Mit Aufklärung hat das nichts mehr zu tun. Der Skandal ist der Sündenbockmechanismus der Massenmedien. Man kann mit guten Gründen behaupten, dass es nichts Spannenderes gibt als die Wirtschaft. Aber der Wirtschaftsjournalist darf – im Gegensatz zum Politiker! – diese Spannung nicht dadurch erzeugen, dass er die Ressentiments derer »da unten« bedient und die Entscheider »da oben« dämonisiert. Es gibt einen Unterschied zwischen Aufklärung und Skandalisierung.

Umso mehr muss man den *Spiegel* loben, der in einer Titelgeschichte über den »Untergang der Weltwirtschaft« (30. März 2009) zwar in üblicher Weise die Führer der Welt auf der Titanic kurz vor dem Eisberg zeigt, sich dann aber doch zu dem klugen Satz durchringt: »Weil die finanztechnischen Details der Katastrophe zu komplex sind, werden Moraldebatten zu den Schauplätzen von Stellvertreterkriegen. Über Ethik und Anstand kann wenigstens jeder mitreden und mitschimpfen.«

Dass wir so schwarz sehen, hängt ganz wesentlich mit der

Abstraktheit der Finanzwirtschaft zusammen. Alles spielt sich im Medium Geld ab, und dieses Medium verliert immer mehr an handfester Greifbarkeit. Nichts ist abstrakter als elektronische Finanztransaktionen. Seit es die elektronische Datenverarbeitung gibt, werden sich Geld und Information immer ähnlicher. Das bedeutet aber, dass die Finanzmärkte der wichtigste Schauplatz für die Medien des 21. Jahrhunderts sind: Geldfluss und Datenfluss werden ununterscheidbar.

Elektronisches Geld hat keinen eigenen Wert, ja kaum mehr eine Spur physischer Existenz. Man spricht heute in diesem Zusammenhang von »Softnomics« und meint damit die neue Computerwirklichkeit des Welt-Geldes. Das gilt ja schon lange für die Standards wie Electronic Cash, Electronic Banking, Home Banking. Und wir beobachten immer deutlicher eine Ablösung des Banking von den Banken. Mit unseren Kreditkarten schalten wir uns ins Nervensystem der Weltwirtschaft ein. Und diese Plastikkarten werden immer smarter, das heißt, sie verbinden den Geldfluss mit dem Informationsfluss. Auf der Ebene von Zentral- und Weltbanken ist schließlich auch dieses Geld noch zu konkret. Man spricht dann von Verrechnungseinheiten und Sonderziehungsrechten. Das Geld ist hier von jedem Erdenrest entlastet, das heißt, es löst sich in Errechnungen von Errechnungen auf.

Auf der obersten Wirtschaftsebene gibt es Geld nur noch im Aggregatzustand von weltumspannenden Datenflüssen, also in den Computern der Finanzmetropolen. Täglich werden mehr als 1000 Milliarden Dollar umgeschlagen. 90 Prozent der Finanztransaktionen an den Weltbörsen haben aber mit dem wirklichen Warenfluss nichts mehr zu tun. Der Begriff »Realwirtschaft« hat geradezu romantische Züge angenommen. Die Weltbörsen bilden einen Cyberspace des Kapitals, in dem virtuose Datenspieler ihre Einsätze machen. Das ist das Geheimnis der Globalisierung, die den Kapitalismus im Innersten verändert hat. Man ist versucht zu sagen: Casino-Kapitalismus als Computerspiel.

Die Wirtschaft unserer Gesellschaft ist also so komplex wie abstrakt. Es fehlt ihr die Gefühlsstütze, und deshalb kann man sie nicht lieben. Friedrich von Hayeks berühmte These, der freie Markt sei die größte Entdeckung in der Geschichte der Menschheit, lässt eigentlich jeden kalt. Hier gibt es einen akuten Gefühlsbedarf, mit anderen Worten: die Notwendigkeit einer emotionalen Gestaltung der modernen Gesellschaft. Das leisten die Massenmedien. Allerdings nicht, indem sie Erfolgsgeschichten erzählen! Jeder Journalist weiß, dass nur schlechte Nachrichten echte Nachrichten sind. Und so befriedigen die Massenmedien den Gefühlsbedarf unserer Gesellschaft, indem sie ständig soziale Ungerechtigkeiten zeigen. Auf diese Weise bedienen sie die Sehnsucht nach einer von archaischen Gefühlen geleiteten Gesellschaft, in der ein autoritärer Staat sichtbar soziale Gerechtigkeit schafft.

Seit der großen Bankenkrise des Jahres 2008 ruft alle Welt nach dem starken Staat und nach einer Regulierung der Finanzmärkte. Der Sozialismus ist wieder salonfähig geworden. Doch heute spricht er nicht mehr von Klassengesellschaft, sondern fordert soziale Gerechtigkeit und verweist auf die Obszönität des exzessiven Reichtums, auf die Kinderarbeit in fernen Ländern und die Misere der Arbeitslosen im eigenen Land. In der Zeitung kann man lesen, dass das Durchschnittseinkommen der reichsten Länder fünfzigmal so groß ist wie das der ärmsten. Topmanager verdienen bis zu vierhundertmal so viel wie durchschnittliche Angestellte.

Solche Zahlen genügen schon für die Propaganda der »Linken«. Aber was können die Konservativen und Liberalen dagegen setzen? Ich werde im nächsten Kapitel ausführlich zeigen, wie unverzichtbar ein starker Staat für eine moderne Gesellschaft ist. Und wenn der Liberalismus eine Zukunft haben will, muss er diese Lektion lernen. Aber das zentrale Argument der Konservativen und Liberalen bleibt wahr und ist heute wichtiger denn je: Soziale Gerechtigkeit als Umverteilung sorgt für die politische Stabilisierung der Unmündigkeit. Sie bringt den Menschen bei, sich hilflos zu fühlen. Man muss nämlich damit rechnen, dass der Versuch, den Opfern mit wohlfahrtsstaatlichen Leistungen zu helfen, das Verhalten reproduziert, das solche Opfer hervorbringt.

Wer lange solche Leistungen bezieht, läuft Gefahr, eine Wohlfahrtsstaatsmentalität zu entwickeln. Von Kindesbeinen an gewöhnt man sich daran, von staatlicher Unterstützung abzuhängen. Und je länger man von wohlfahrtsstaatlichen Leistungen abhängig ist, desto unfähiger wird man, für sich selbst zu sorgen. Eine sozialistische Umverteilungspolitik im Namen der sozialen Gerechtigkeit reduziert also nicht die Armut, sondern lediglich die subjektiven Kosten der Armut. Jede Transferleistung vermindert nämlich den Anreiz, die Armut durch eigene Anstrengung zu überwinden. Mit anderen Worten: Die meisten politischen Hilfsprogramme ermutigen eine Lebensführung, die zur Armut führt.

Die Forderung nach einer Umverteilung des Reichtums kontert der Sozialkapitalismus mit dem Angebot der Teilhabe am Wachstum der Wirtschaft. Profit für alle! Durch robustes wirtschaftliches Wachstum wird die Lage jedes Einzelnen positiver verändert, als das durch Umverteilung möglich wäre. Und dieses wirtschaftliche Wachstum wird gerade durch die Beobachtung von Konsummöglichkeiten angetrieben, die zunächst einmal nur den Erfolgreichen an der Spitze offen stehen. Die so entstehenden neuen Wünsche werden erfüllt – im Lauf der Zeit. Das heißt, der Luxus dieser Generation wird zum Standard der nächsten und zur selbstverständlichen Grundausstattung der übernächsten. Die Erfolgreichen bilden die Avantgarde des Konsums, und es ist gerade die Ungleichheit, die die anderen antreibt, es ihnen gleichzutun. So breiten sich die guten Dinge des Lebens allmählich von oben nach unten aus.

Alles ist gut, solange es demjenigen, dem es am schlechtesten geht, ein wenig besser geht. Ökonomen kennen diesen Gedanken unter dem Titel »Pareto-Optimalität«. Wir sollten also zufrieden sein mit dem, was gut genug ist, statt mit absurdem Aufwand nach der absoluten sozialen Gerechtigkeit zu suchen. Das Motto lautet: Genug statt gleich viel. Das hat nichts mit Bescheidenheit zu tun, sondern lediglich mit der Einsicht in den sinkenden Grenznutzen aller Gleichstellungsbemühungen. Die Schwierigkeit liegt allerdings darin, dass sich »gleich viel« sehr viel leichter berechnen lässt als »genug«. Und genug heißt heute: genug für ein gutes Leben.

Wir müssten also unterscheiden lernen zwischen der vernünftigen Forderung, dass jeder genug haben soll, und der ideologischen Forderung, dass jeder gleich viel haben soll. Dass es einem schlechter geht als anderen, muss nicht heißen, dass es einem nicht gut genug geht. Wer dagegen auf soziale Gerechtigkeit als Gleichheit fixiert ist, bemisst seine Lebenszufriedenheit nicht an dem, was ihm selbst zur Verfügung steht, sondern an dem, was anderen zur Verfügung steht. Die Sorge um die Gleichheit lenkt ihn ab von der Sorge um sich, also von der Frage, was wirklich wichtig ist.

Über diese Sorge um sich, die sich an der Frage orientiert, was wirklich wichtig ist, habe ich bereits in dem Kapitel über

Selbsttranszendierung gesprochen. Wir sehen jetzt, dass sie zweierlei voraussetzt: erstens ein neues Denken der sozialen Gerechtigkeit, das sich vom sozialistischen Ressentiment befreit. Und zweitens einen neuen Geist des Kapitalismus, der die marxistischen Lektionen der letzten 150 Jahre gelernt hat. Die Liberalen lesen das kommunistische Manifest und verwandeln es in ein konsumistisches Manifest. An die Stelle des Gegensatzes Kapitalismus/Sozialismus ist längst ein hochmobiler, lernfähiger und pluralistischer Kapitalismus getreten. Sein Spektrum reicht heute vom rheinischen Kapitalismus (auf den wir sehr stolz sein können!) über den amerikanischen Neoliberalismus bis zum autoritären »chinesischen« Kapitalismus. Es gibt also gar kein Jenseits des Kapitalismus mehr. Und die Schlagzeilen vom »Tod des Kapitalismus« sind einfach nur schlechte Sozialromantik.

Tatsächlich bilden sich die gemeinsamen Werte, die die globalisierte Welt organisieren, nicht in der Politik, sondern in der Wirtschaft. Nachdem der Liberalismus des 19. Jahrhunderts die Freiheit des Einzelnen erkämpft und der Sozialstaat des 20. Jahrhunderts die Forderung nach Gleichheit erfüllt hat, setzt der Sozialkapitalismus des 21. Jahrhunderts auf Brüderlichkeit. Es entwickelt sich eine neue Wirtschaftsethik, die unsere Lebensführung durch menschliche Universalien prägt – ähnlich wie einmal in der Frühzeit des Kapitalismus die Religion als System der Lebensregulierung funktionierte.

Den heute wieder sehr laut gewordenen Ruf nach einer Wirtschaftsethik muss man deshalb so verstehen, dass unsere Gesellschaft auf der Suche nach dem verlorenen Geist des Kapitalismus ist. Und dieser Geist zeigt sich konkret in der Lebensführung. Wir können hier an Max Weber und dessen berühmte These von der Geburt des Kapitalismus aus dem Geist des Protestantismus anknüpfen. Max Weber hatte schon vor hundert Jahren erkannt, dass wir prinzipielle Schwierigkeiten haben, diesen Geist noch zu verstehen. Der protestantische Geist ist nämlich längst aus dem kapitalistischen Alltag entschwunden. Nur noch seine Hüllen sind übrig geblieben.

Heute ist der Kapitalismus eine reine Diesseits-Religion. Sein Geist entstand aber in einer Zeit, in der es den Menschen um das eigene Seelenheil und die Bewährung vor Gott ging. Max Webers These über den Geist des Kapitalismus besagt im Kern, dass eine asketische Form des Protestantismus eine den ganzen Alltag bestimmende Lebensmethodik geschaffen hat. Diese Lebensmethodik hat das kapitalistische Wirtschaften wie ein Korsett gestützt und es zugleich auch mit Heilsprämien versehen. Formelhaft gesagt: Der Kapitalismus ist religiös bedingt. Max Weber machte mit dieser These natürlich Karl Marx Konkurrenz. Vor allem zielte er gegen die marxistische Grundformel »Das Sein bestimmt das Bewusstsein«.

Max Weber hat gezeigt, wie die Sorge um das Seelenheil die Menschen zu methodischer Arbeit und rationalem Profitstreben angetrieben hat – jedenfalls in der Heldenzeit des Kapitalismus. So entsteht das grandiose Bild vom innerweltlichen Asketen des Puritanismus. Er wirft sich die Lebenssorge kapitalistischen Wirtschaftens wie einen dünnen Mantel um – aber dieser Mantel erstarrt zum Panzer, zum »stahlharten Gehäuse«. Die Askese baut die Welt um, aber gerade durch ihren strahlenden Erfolg gewinnen die Güter eine ungeheure Macht über die Menschen. Seither funktioniert der Kapitalismus als perfekte Maschine – auch ohne Geist. Für die Menschen heißt das: Sie haben keinen Beruf mehr, sondern einen Job. Was das für die modernen Arbeitsverhältnisse bedeutet, werde ich gleich ausführlich darstellen.

Askese ist das entscheidende Stichwort. Der Geist des Kapitalismus entsteht durch rationale Temperierung der Leidenschaften. Das ist der Punkt, der in der aktuellen Diskussion über »Raubtierkapitalismus« immer übersehen wird: Der moderne Kapitalismus steht genau im Gegensatz zur Gier des kapitalistischen Abenteurers. Und er steht auch genau im Gegensatz zum Genuss des hedonistischen Lebensstils. Gier und Genuss sind die Feinde des kapitalistischen Geistes. Der Kapitalismus der westlichen Welt ist ursprünglich also sehr eng mit einer bestimmten Lebensführung und Moral verbunden gewesen. Und darin liegt auch seine Zukunft. Kein Missverständnis, bitte! Natürlich werden wir nicht wieder zu Puritanern. Aber die Werte, die uns aus dem Widerstreit zwischen Egoismus und universalistischer Moral, zwischen Profit und sozialer Gerechtigkeit herausführen können, bilden sich nur im Business – als Geschäftsmoral.

Von der Politik darf man hier nicht zu viel erwarten. Was sie leisten kann, skizziere ich im nächsten Kapitel. Der britische Politikwissenschaftler Colin Crouch spricht im Blick auf die westlichen Gesellschaften des 21. Jahrhunderts von »Postdemokratie«. Damit signalisiert er in aller wünschenswerten Deutlichkeit, dass die Nationalstaaten nicht mehr das Heft des Handelns in der Hand haben. Er sagt damit aber auch, dass die alte Idee eines Weltstaates der globalisierten Welt völlig unangemessen ist. Globalisierung heißt zunächst einmal politisch, dass die Nationalstaaten systematisch überfordert werden. Die Verantwortung für den Stand der Weltdinge geht nun aber nicht in die Hände einer Weltregierung über, sondern in die der Corporate Citizens, also der großen Unternehmen. Wenn man heute von »Global Governance« spricht, meint man gerade nicht die Regierung eines Weltstaates, sondern das verantwortliche Handeln großer Unternehmen und Organisationen. Charakteristisch für den Sozialkapitalismus ist die private Produktion öffentlicher Güter. Verantwortungsbewusste Unternehmen haben die Lektion der Non-Profit-Organizations gelernt: Im Zentrum unseres Handelns steht die Mission. *We care* – wir sorgen uns um euch!

Das erfolgreiche Unternehmen der Zukunft ist natürlich immer der erste Diener seiner Aktionäre, Angestellten und Kunden. Doch der Service des Großen Bürgers erstreckt sich auch auf die Gemeinschaft und die Umwelt. Und auf die Armen, die Ausgeschlossenen, die Verlierer der Globalisierung! Während die Gelder der politischen Entwicklungshilfe nach wie vor im Sumpf der Korruption versickern, eröffnet der Sozialkapitalismus den Markt der Armen. Das geschieht zum Beispiel durch die nobelpreisgeehrte Mikrokreditbewegung oder durch die Finanzierung von Start-ups in der Dritten Welt.

Ich denke deshalb, dass in unserer Zeit, die sich in einer Pauschalkritik der Heuschrecken, Raubtierkapitalisten und gierigen Manager gefällt, vor allem eines nottut: die Verteidigung des Davos-Menschen. Das ist der Unternehmer mit gutem Gewissen, der an einer besseren Welt mit den Mitteln der Wirtschaft arbeitet. Natürlich macht er Profit, aber er sorgt sich eben auch um die Umwelt, die Armen, die Kinder, die Alten. Der soziale Unternehmer ist nicht einfach nur ein guter Mensch. Vielmehr hat er erkannt, dass in jedem sozialen Problem ein Geschäftsmodell steckt. Aber auch umgekehrt entpuppen soziale Bewegungen sich als Unternehmer. In den erfolgreichsten Fällen funktioniert »Non-Profit« als Markenportal für profitorientierte Unternehmen.

Mit der Milliardenspende Warren Buffets an die Stiftung seines milliardenschweren Freundes Bill Gates hat sich der Sozialkapitalismus ein eindrucksvolles Denkmal gesetzt. Während sich gerade die Intellektuellen in den vergangenen zwei Jahrhunderten daran gewöhnt hatten, das westliche Wirtschaftssystem mit Entfremdung, Gier und Kälte zu assoziieren, melden sich in jüngster Zeit immer häufiger solche Stimmen eines sich um die Welt sorgenden, guten Kapitalismus.

Skeptiker werden einwenden, das alles sei nur Fassade. Wenn bisher von der Ethik des Kapitalismus die Rede war, hatten Zyniker stets die Formel von Groucho Marx zur Hand: »Der Schlüssel zum geschäftlichen Erfolg sind Ehrlichkeit und fairer Handel. Wenn du das vortäuschen kannst, hast du's geschafft!« Doch ist Moral in der Wirtschaft tatsächlich bloßer Schein?

Der Sozialkapitalismus kann sich auf zwei objektive Faktoren stützen: die Moral der Kooperation und die Logik der Netzwerke. Es ist intelligent, nett zu sein, und es zahlt sich aus, glaubwürdig zu sein. Die Evolutionstheorie hat uns gelehrt, dass es Altruismus nur geben kann, wenn er die Fitness steigert. Und genau das verbirgt sich hinter der modernen Tugend der Lernbereitschaft. Es handelt sich dabei um den schwachen Altruismus des aufgeklärten Selbstinteresses, der für den Sozialkapitalismus so charakteristisch ist. Die Kraft, die unsere neue Moral wachsen lässt, steckt in den dauerhaften, weltweit vernetzten Geschäftsbeziehungen.

Ehrlichkeit ist heute tatsächlich die beste Geschäftspolitik, weil das Internet uns in das Zeitalter der totalen Transparenz gestoßen hat. Was auch immer du tust – man wird deine Spuren finden. Und die Weltöffentlichkeit wird immer sensibler und aufmerksamer. Das wird von den großen Wirtschaftsskandalen der letzten Jahre nicht widerlegt, sondern gerade bestätigt. Der Kapitalismus ist nicht korrupter und gieriger, wir alle sind informationsempfindlicher geworden. Jede kleine Schweinerei wird in Windeseile zum Skandal. Deshalb ist die Arbeit an der eigenen Glaubwürdigkeit die Grundbedingung jedes Geschäftserfolgs. Der Politiker muss als ehrlicher Makler und der Unternehmer muss als fairer Händler auftreten.

Die Warenproduktion zeigt immer deutlicher eine publizistische Dimension. Idealgüter drängen auf den Markt. Mit anderen Worten: Der Produzent inszeniert sich als Publizist, der Unternehmer tritt als Politiker auf. Berlusconi und Benetton waren bisher die bekanntesten Beispiele. Das Politische und das Soziale werden heute zum Schauplatz des Marketings. Der Marketingexperte Bernard Cova geht sogar so weit, zu sagen: Produktmarketing war gestern – jetzt beginnt das »Societing«. Es soll keinen Widerspruch mehr geben zwischen dem profitorientierten klassischen Marketing und dem werteorientierten Sozialmarketing. Alles dreht sich um die Kommunikation mit den Kunden als Bürgern. Ich erinnere hier nur an die Kampagne »Du bist Deutschland!«.

Ich kann mir zwar nicht vorstellen, dass Bernard Covas Wortschöpfung einmal den vertrauten Begriff des Marketing verdrängen wird. Aber man kann doch mit seiner Hilfe eine entscheidende Akzentverschiebung besser erkennen. Im 21. Jahrhundert geht es mehr um den aktiven Bürger als um den konsumierenden Kunden. Die erfolgreiche Kommunikation mit diesem Bürgerkunden heißt deshalb nicht mehr Kundendialog, sondern Ko-Kreation. Die Unternehmen der Zukunft schaffen ihre Produkte gemeinsam mit den Kunden, die Nutzer werden zu Mitentwicklern. Linux, das freie Betriebssystem für Computer, ist dafür heute schon ein faszinierendes Beispiel.

Aber die soziale Dimension des neuen Marketing reicht noch viel weiter. Unternehmen begreifen sich zunehmend als quasi-politische Institutionen, als Treuhänder der Bildung, ja als

Bürgerinitiativen. Sponsoring wird zur bevorzugten Form der Selbstdarstellung. Unternehmen kommunizieren nicht nur ihre Produkte, sondern auch ihre Haltungen und Identitäten. Doch die klassischen Unternehmensleitbilder genügen nicht mehr. Man muss heute seine Werte und Ideen durch öffentliches Handeln bewähren. Intelligentes Marketing nimmt die Dynamik der sozialen Bewegungen in sich auf.

Jahrelang ging das Gespenst des Discounts um. Es hat alle Marktbeobachter blind gemacht für eine tiefgreifende Veränderung unseres Wirtschaftslebens. Und die gegenwärtige Wirtschaftskrise verstärkt diese Blindheit noch. Doch wenn die Panik nachlässt, verblasst auch die Faszination durch die kleinen Preise. Dann wird deutlich werden, dass sich Kunden und Unternehmen des 21. Jahrhunderts mehr als je zuvor an den großen Werten orientieren. Ein erfolgreiches Produkt ist nicht nur technisch-sachlich von hervorragender Qualität, sondern vermittelt auch einen spirituellen Mehrwert.

Der moderne Kunde will nicht nur befriedigt und verführt, sondern auch verändert werden. Abraham Maslows Bedürfnishierarchie hat ja, wie wir gesehen haben, eine sechste Stufe: Selbsttranszendenz. Dem geilen Geiz und dem Kult des Saubilligen zum Trotz entscheiden in der westlichen Welt des Wohlstands nicht die Preise, sondern die Werte. Je reicher, desto ethischer! Das ist die erstaunliche Lektion, die uns der Sozialkapitalismus in den letzten Jahren erteilt hat. Auf der Ebene des Konsums sind wir es ja schon gewohnt, dass Kunden »Ethik-Marken« konsumieren und mit gutem Gewissen genießen wollen. Heute sehen wir, dass auch die Unternehmen und großen Organisationen Profitorientierung und moralisches Handeln nicht mehr als Gegensatz, sondern als wechselseitiges Steigerungsverhältnis verstehen. Diese Wertorientierung des Sozialkapitalisten heißt im Managementjargon »Vision« oder »Mission«.

Wenn ich gerade von einem wechselseitigen Steigerungsverhältnis gesprochen habe, dann soll damit die naive Vorstellung zurückgewiesen werden, es ginge nur um einen Umtausch der Spitzenwerte, also etwa: Solidarität statt Eigennutz, Altruismus statt Egoismus. Wer so etwas fordert, ist politisch naiv. Wer den Egoismus überwinden will, muss auch den Altruismus überwinden. Die Selbsttranszendierung führt über »mich« und »dich« hinaus. Es geht um die Mission, das Projekt der modernen Welt. Und das heißt für uns konkret: Es geht um die Verpflichtung des guten Europäers.

Die antike Ethik fragte: Was will ich für mich? Die moderne Ethik fragte: Was soll ich für andere? Wir fragen heute darüber hinaus nach dem wohlverstandenen Eigeninteresse. Und dabei zeigt sich, dass es leichter ist zu sagen, was gut ist, als zu sagen, was gut für mich ist. Wir nähern uns wieder der 2500 Jahre alten Einsicht, dass wirklich glücklich nur ist, wer moralisch ist. Das gute Leben setzt Sinn und Bejahung voraus. Mit anderen Worten, es setzt freien Willen voraus, das heißt Verantwortlichkeit und Ernsthaftigkeit. Es geht im Sozialkapitalismus des 21. Jahrhunderts und seiner Kultur der Selbsttranszendierung also nicht um den Unterschied zwischen Egoismus und Altruismus, sondern um den Unterschied zwischen Hedonismus und Verantwortlichkeit.

Auch der Sozialkapitalismus bleibt natürlich Kapitalismus, aber doch als ein durch öffentliche Verantwortung temperiertes System des Profits. Dass wir es hier mit einem handfesten Paradigmenwechsel zu tun haben, kann man sich an einem älteren Erfolgstitel des deutschen Starphilosophen Jürgen Habermas deutlich machen: *Legitimationsprobleme des Spätkapitalismus.*

In den 60er und 70er Jahren war es noch ganz selbstverständlich, die moderne Wirtschaft vor ein Tribunal linker Intellektueller zu zitieren, um ihr dort den kritischen Prozess zu machen.

Über hundert Jahre lang, von Karl Marx bis Jürgen Habermas, wurde unser modernes Wirtschaftssystem als Schuldzusammenhang denunziert. Heute macht der Kapitalismus den Schritt von der Rechtfertigung zur Verantwortung. Ansätze zu einem Lob des sozial verantwortlichen Kapitalismus gab es allerdings schon vor fünfzig Jahren. Der Wirtschaftswissenschaftler Carl Kaysen, der auch für John F. Kennedy arbeitete, beschrieb die moderne Aktiengesellschaft in aller Naivität als »seelenvolle Gesellschaft« – Profit für alle. Damals hat das nur das Gelächter der Linksintellektuellen ausgelöst. Mich interessiert, wie viel Wirklichkeit in dieser Utopie steckt.

Die Unternehmen arbeiten heute an einem Kapitalismus mit gutem Gewissen. Idealismus verkauft sich nämlich gut. Das ist die kulturelle Bedingung dafür, dass sich ein neues Unternehmerethos entwickelt: *Make a better world!* Der Sozialkapitalismus ist ein rot-grüner Kapitalismus. Waschmittel sollen ethischen Standards entsprechen. An die Stelle von Ausbeutung soll der Fair Trade mit Entwicklungsländern treten. »Made in Dignity« wiegt heute schwerer als unser »Made in Germany«. Grüner Punkt und das Siegel »umweltfreundlich« genügen nicht mehr – es entstehen »Ethik-Marken« wie Body Shop.

Dass sich der Idealismus heute gut verkauft und Werte ins Zentrum unserer Lebensgestaltung rücken, ist eine unmittelbare Folge der Globalisierung. Die Globalisierung ist für die meisten Menschen nämlich ein Trauma: ein Aus-der-Höhle-treten-Müssen, der Verlust der Geborgenheit in Tradition und Nation. Alles fließt – Menschen, Waren, Geld und Information. Um das zu ertragen, brauchen wir einen Ausgleich. Der von der

Trendforscherin Faith Popcorn geprägte Begriff des Cocooning, der einen gehegten Raum des Vertrauten bezeichnet, passt auch hier sehr gut. Die Kompensation für die Zumutungen der Globalisierung ist ein ethisches Cocooning, die Geborgenheit in Werten. Auf diesem Feld werden die großen Geschäfte des 21. Jahrhunderts gemacht. Der Profit der Zukunft liegt in den unkopierbaren Werten. Nietzsche lässt seinen Zarathustra einmal sagen: »Um die Erfinder von neuen Werten dreht sich die Welt.«

Ganz oben rangieren heute die Werte Vertrauenswürdigkeit und Glaubwürdigkeit. Vertrautheit und Vertrauen hängen natürlich sehr eng miteinander zusammen. Im idealen Fall rechtfertigt die Vertrautheit einer Marke das Vertrauen des Konsumenten in ein Produkt. Vertrauen ist eine Ressource, die durch Gebrauch nicht knapper wird, sondern wächst. Aber genauso wenig wie Ansehen und Aufmerksamkeit kann man Vertrauen kaufen. Man kann es auch nicht durch klassische Marketingaktionen »technisieren«. Vertrauenswürdigkeit ist nämlich ein soziales Kapital. Und wie man es ansammelt, müssen die Unternehmen heute von den erfolgreichen, weil glaubwürdigen Nichtregierungsorganisationen lernen, also von Amnesty International, Greenpeace und Oxfam. Glaubwürdigkeit ist keine Frage der Werbung, sondern der Bewährung. Die glaubwürdige Firma – zum Beispiel Ben & Jerrys – muss deshalb vor allem einen ehrlichen Umgang mit der Ehrlichkeit pflegen.

Die Welt des Luxus war immer schon die Fantasiewelt der absoluten Werte. Und auch wenn sich in Zeiten der Wirtschaftskrise die Aufmerksamkeit wieder von Gucci zu Aldi verschiebt, bleibt die Frage nach dem Luxus lehrreich. Denn was als wahrer Luxus gilt, hat sich in den letzten Jahrzehnten dramatisch verändert. Es geht heute vor allem um Immaterielles, um Werte,

Ideen, Spiritualität und menschliche Zuwendung. Ich nenne das den Markt der Sorge. Immer mehr Menschen interessieren sich auch auf den Märkten für das, was man in der Sprache der Preise eigentlich nicht ausdrücken kann. Preise sind zwar die wichtigste, ja vielleicht einzige Information der Wirtschaft, aber sie sagen nichts über die Umweltprobleme (Ressourcenerschöpfung, CO_2) oder über die Innenweltprobleme (Identitäts- und Motivationskrise), die sie produziert. Deshalb wächst der Markt der persönlichen Sorge, die Nachfrage nach dem Luxus persönlicher Zuwendung.

Wir sind daran gewöhnt, dass jeder Schritt der Technisierung die Produktivität der Wirtschaft steigert. Je erfolgreicher aber dieser Prozess voranschreitet, desto wichtiger werden gerade die nichttechnisierbaren Berufe, deren Produktivität nicht wesentlich gesteigert werden kann: Lehrer, Professor, Friseur, Schriftsteller, Kellner, Entertainer, Arzt, Anwalt, Pfleger. Sie betreuen den Markt der Sorge und der Ideen. Der ehemalige Clinton-Berater Robert Reich spricht ausdrücklich von der Aufmerksamkeitsindustrie, die darauf ausgerichtet ist, persönliche Zuwendung zu verkaufen. Das Grundkonzept dieses Marktes der Sorge ist einfach: Human Service kann man nicht durch Güter und rein sachliche Dienstleistungen ersetzen. Deshalb genügt es zum Beispiel nicht mehr, wenn ein Universitätsprofessor forscht, lehrt und sich an der universitären Selbstverwaltung beteiligt. Er muss heute auch als »Mensch« präsent sein, das heißt für seine Kunden, die Studenten, »da sein«.

Dahinter steckt die Philosophie der Kundenorientierung. Suggeriert werden soll eine persönliche Zuwendung, als ob es keinen Zeitdruck gäbe. Einige klassische Berufe haben es hier schon lange zur Meisterschaft gebracht: der Pfarrer und seine Sünder; der Lehrer und seine Schüler; der Anwalt und sein

Klient; der Arzt und sein Patient. Persönliche Zuwendung, als ob es keinen Zeitdruck gäbe – das ist heute das Äußerste an Luxus, das Paradies auf dem Markt der Sorge.

Diese Verschiebung des Akzents von der Qualität der Güter zur Sorge um den Kunden charakterisiert aber nicht nur die Aufmerksamkeitsindustrie, sondern auch alle anderen Angebote auf den Märkten des 21. Jahrhunderts. Der Stufe der Selbsttranszendenz in Abraham Maslows Bedürfnispyramide entspricht auf Seiten des Produkts der spirituelle Mehrwert, also eine Lebensphilosophie, ein Identitätsangebot. Vor diesem Hintergrund zeigt sich die Bedeutsamkeit eines inszenierten Protests, den man früher »Happening« genannt hätte und der heute doch auch ganz einfach als Aktion der intelligenten Selbstvermarktung durchschaut werden kann. Am 17. September 2006 wurde der Scheiterhaufen des Konsumismus entzündet. Neil Boorman, ein Guru der Trends und Moden, steckte in aller Öffentlichkeit seine Markenartikel in Brand. Der spektakulär ausgestellte Markenverzicht sollte wie ein religiöser Akt der Umkehr wirken. Doch wogegen richtete sich dieser Luxusprotest?

Wenn wir heute konsumieren, orientieren wir uns nicht an den eigenen Bedürfnissen, sondern an den Identitätssignalen der Marken. Und immer mehr Menschen, vor allem Jugendliche, ergreifen die Möglichkeit der Selbstdarstellung durch Kaufen. Das können Wirtschaftswissenschaftler nicht verstehen, wohl aber Theologen. Die Götter, die aus dem Himmel der Religionen verdrängt wurden, kehren als Idole des Marktes wieder. Werbung und Marketing besetzen die frei gewordenen Stellen des Ideenhimmels. Aus Heldenverehrung wird Markenverehrung. Düfte heißen Ewigkeit und Himmel, Zigaretten versprechen Freiheit und Abenteuer, Autos sichern Glück und

Selbstfindung. Mit einem Wort: Marken besetzen Ideen, um sie schließlich zu ersetzen. Die Waren sind nicht einfach Dinge für den Konsum. Sie befriedigen nicht nur ein konkretes Bedürfnis, sie verkörpern Soziales. Karl Marx hat also recht behalten: Das Geheimnis der Ware und das Geheimnis der Religion sind dasselbe.

Nicht die Kirchen, sondern die Konsumtempel sind der Ort moderner Religiosität. So vergleicht der Theologieprofessor Harvey Cox die Schaufenster der Warenhäuser mit der Krippenszenerie. Das Etikett mit dem Markenzeichen deutet er als säkularisierte Hostie. Das Ideal des Marketing ist demnach die religiöse Ikonenverehrung. Heute kehren die Warenhäuser wieder an ihren Ursprung zurück. Die Pariser Passagen waren die ersten Kathedralen des Konsums. Und die Einkaufszentren der Gegenwart verwandeln sich in Schauplätze einer Wiederverzauberung der Welt.

Schon vor hundert Jahren hat der legendäre Soziologe Thorstein Veblen darauf aufmerksam gemacht, dass man nicht nur konsumiert, sondern den Konsum zugleich auch ausstellt und darstellt. Der Marktplatz ist immer auch ein Schauplatz der Prahlerei. Wir alle spielen Theater – gerade auch, wenn wir konsumieren. Und verkaufen lässt sich deshalb heute nur noch, was einen Inszenierungswert hat.

Dieser Gedanke lässt sich sogar noch weiter zurückverfolgen, nämlich bis zu dem Frühsozialisten Saint Simon. Er hat eine Konzeption erstmals in aller Klarheit formuliert, die für uns von größter Aktualität ist: die Verwandlung aller Geschäfte in Kulte, die Konsumgütermärkte als Schauplatz der Sinnstiftung. Entscheidend ist dabei, dass der Kunde vom passiven Konsum zur aktiven Devotion voranschreitet. Heute ist aus dieser brillanten Idee konsumistische Wirklichkeit geworden.

Große Marken formieren Sekten. Und dieser Kult der Marken schließt auch seine Kritiker ein. Denn die neue Religiosität des Konsumismus hat zwei Gesichter: das affirmative Gesicht des Markenkults und das kritische Gesicht der Protestbewegungen. Revolte und Mode sind beide soziale Heilsgottesdienste. Neil Boormans Scheiterhaufen des Konsumismus hat sie wirkungsvoll vereint.

Wenn aber Ideen, Werte und Heilsversprechen auf den modernen Konsumgütermäkten eine Schlüsselrolle spielen, kann es nicht mehr überraschen, dass es heute eben auch Ansätze zu einem guten Kapitalismus gibt, der ethisches Einkaufen ermöglicht. Es sind noch nie so viele gute Menschen auf der Bühne unserer Gesellschaft aufgetreten: Politiker als Friedensnobelpreisträger; Militärs, die abrüsten wollen; Bürger gegen Rassismus; Chemiefirmen, die den Rhein, und Möbelfirmen, die Tropenhölzer retten; Geschäftsleute, die ihre Visitenkarte auf Recyclingpapier drucken lassen, und Familienväter, die den Hausmüll sortieren. Umwelt- und Benutzerfreundlichkeit, Fair Trade und Kundendialog, purer Stil und neue Natürlichkeit sind Labels für Produkte und Dienstleistungen, die einen moralischen Mehrwert signalisieren. Bio und Öko verheißen das Heil als Freikauf: Nun kann man sich von den Sünden der Zivilisation reinwaschen, indem man bestimmte Produkte erwirbt. Das Geschäft mit der Ethik ist der moderne Ablasshandel.

Wenn man heute Limonade für eine bessere Welt und Bier zur Rettung des Regenwalds trinkt, dann sind das triviale Beispiele für den Konsumismus im Zeichen der ökologischen Korrektheit, der uns die Möglichkeit verspricht, eine bessere Welt zu kaufen. Das macht vielleicht nicht die Welt besser, aber es macht in jedem Fall die moderne Gesellschaft robuster. Denn wie die rote Kritik der 68er hat unsere Gesellschaft jetzt auch die grüne Kritik der Ökos verinnerlicht und damit ihre Immunität gestärkt.

Die grünen Produkte von Body Shop über den Toyota Prius bis zur Bionade bestücken einen riesigen Markt der Weltverbesserer, der von einer neuen, »grünen« Art der Markentreue getragen wird, die an die Einheit von Genuss, Ethik und Luxus glaubt. Das gute Produkt hat eine hohe sachlich-technische Qualität, es bereitet Freude, es verschafft ein gutes Gewissen, und es verschafft Anerkennung. Wir müssen deshalb heute das Shopping als soziales Handeln und als Medium einer Heiligung des Alltags begreifen. Die amerikanische Abkürzung LOHAS, die für einen Lebensstil der Gesundheit und Nachhaltigkeit steht, signalisiert die Wiederkehr der sektenhaft organisierten, methodischen Lebensführung. Und das ist für unsere Leitfrage nach dem neuen Geist des Kapitalismus von größter Bedeutung: Konsumethik kann die Arbeitsethik ersetzen. Reine Konsumgüter genügen diesen ethischen Erwartungen nicht mehr. Man muss den Kunden, die sich heute eben nicht mehr als bloße Konsumenten, sondern vielmehr als Bürger verstehen, Partizipationsgüter anbieten. Das Unternehmen und der Kunde schaffen das Produkt gemeinsam. Ich möchte auf dieses Verhältnis ein schönes Wort des Romantikers Novalis anwenden: »Sympraxis«.

So sehen die Produkte und die Kundenerwartungen in der Wohlstandswelt des 21. Jahrhunderts aus. Entsprechend verändert sich auch die Selbstdarstellung eines erfolgreichen Unternehmens. Es muss ein klares Profil im Verhältnis zu folgenden Themen entwickeln: Umweltbewusstsein, Armut, öffentliche Güter, bürgergesellschaftliches Engagement und Verhältnis von Arbeit und Familie. Vor allem auf das letzte Thema werde ich gleich ausführlicher eingehen, weil die Arbeitsverhältnisse den neuen Geist des Kapitalismus am deutlichsten manifestieren. Ich greife dabei ein paar Überlegungen aus dem Kapitel über Selbsttranszendierung wieder auf und denke sie weiter.

Der Sozialkapitalismus kümmert sich, erstens, um die Umwelt. Neben die Profitmaximierung tritt scheinbar gleichberechtigt die Aufgabe des globalen Hüters und Hirten auf dem blauen Planeten. Der Senior Fellow des Manhattan Institute und Forbes-Kolumnist Peter Huber hat dieses Programm gegen die fundamentalistischen Umweltneurotiker der Grünen auf den Begriff »Hard Green« gebracht. Gemeint ist eine mit der Ökologie versöhnte Ökonomie, also die Überzeugung, dass wirtschaftliche Entwicklung der beste Umweltschutz ist. Nur dieses Denken ist wohl in der Lage, das Gespenst zu verscheuchen, das heute in Europa umgeht, nämlich den öko-feministischen Radikalismus. Der bloßen Erlösungsreligion der grünen Sektierer stellt der Sozialkapitalismus die Unternehmenspraxis des harten Grün gegenüber.

Der Sozialkapitalismus kümmert sich, zweitens, auch um die Notleidenden. Damit stellt er sich der für unsere Gesellschaft charakteristischen Tatsache, dass es keine Integration ohne Ausschluss, keinen Fortschritt ohne Ungleichheit und keine Globalisierung ohne Opfer gibt. Der Sozialkapitalismus begnügt sich aber nicht mehr mit Almosen. Seine Hilfsbereitschaft steht unter dem Motto *Change, not Charity*. Die verwandelnde Hilfe macht aus der Menschenfreundlichkeit ein Geschäftsmodell. Und eine solche Moralität aus wohlverstandenem Eigeninteresse ist weit stabiler als jede gute Gesinnung. Die Sorge um die Armen und Benachteiligten bleibt nämlich so lange maßlos und labil, solange man sich nicht klarmacht, dass sie nicht nur aus dem weichen Motiv des Mitleids entspringt, sondern auch aus einem ganz harten Motiv: der Selbstverteidigung der modernen Gesellschaft.

Der Sozialkapitalismus kümmert sich, drittens, um die öffentlichen Güter. Hier haben wir es mit dem zentralen Problem nicht der Dritten, sondern unserer Ersten Welt zu tun. Soziologen stellen dieses Problem so dar: Je größer eine Gruppe ist, desto geringer sind die Realisationschancen für gemeinsame Interessen, weil der Beitrag des Einzelnen kaum wahrnehmbar ist. Und öffentliche Ressourcen werden rasch von allen ausgebeutet, weil jeder der Mäßigung des anderen misstraut. Das ist die »Tragödie der öffentlichen Güter«, die ich schon ausführlich dargestellt habe. Sie kennzeichnet gerade die moderne Gesellschaft.

Dagegen kämpft der Sozialkapitalismus mit einer privaten Produktion öffentlicher Güter an. Das ist heute die einzig denkbare Lösung der »Tragödie der öffentlichen Güter«. Hinzu kommt, dass die Globalisierung den klassischen Nationalstaat systematisch überfordert. Und hier springen eben die Global Players ein. Der erfolgreiche Unternehmer besetzt die vakante Stelle des Großen Mannes und stellt durch private Initiative öffentliche Güter zur Verfügung.

Der Sozialkapitalismus kümmert sich, viertens, um die Bürger der Zivilgesellschaft. Im gemeinnützigen Engagement der Unternehmen tritt jede Firma als Großer Bürger auf. Sie bietet Dienstleistungen für die Gemeinschaft an und schöpft dabei die wichtigste Ressource des 21. Jahrhunderts aus: Commitment. Man könnte diesen in der angelsächsischen Managementliteratur ganz zentralen Begriff etwas spröde mit »freiwillige Wertbindung« übersetzen. Aber gemeint ist einfach: Ich bringe mich ein. Oder prägnanter: *I want to make a difference.* Hier geht es um die Rettung der Bürgerlichkeit vor dem Fürsorgestaat in einer Kultur der Freiwilligen und Ehrenamtlichen. Es geht um die Freude, eine Ursache zu sein.

Am greifbarsten wird die Sorge des Sozialkapitalismus aber, fünftens, im Verhältnis des Unternehmens zu seinen Mitarbeitern, also in der Gestaltung der Arbeitsverhältnisse. Ganz selbstverständlich erwarten wir heute einen familienfreundlichen Arbeitgeber, der den Mitarbeitern eine »Balance« zwischen Arbeit und Leben ermöglicht. Die Firma als Sekte bietet ihren Mitarbeitern nicht nur Geld, sondern auch Sinn. Sie fordert nicht nur Arbeit, sondern fördert die Familie.

Natürlich klafft hier noch eine gewaltige Kluft zwischen Anspruch und Wirklichkeit. Robert B. Reich, Arbeitsminister in der ersten Clinton-Administration, hat in diesem Zusammenhang eine spannende Geschichte erzählt. Reich liebte seinen Job so sehr, dass er es gar nicht erwarten konnte, morgens zur Arbeit zu kommen; nachts verließ er sein Büro nur zögernd. Auch in der Zeit, die er zu Hause verbrachte, dachte er ständig an seinen Job – und verlor so jede Beziehung zu seiner Familie. Der Minister musste erfahren, dass wir von einer Harmonie zwischen Arbeit und Familie noch sehr weit entfernt sind. Je erfolgreicher man in seinem Job ist, umso länger und härter arbeitet man und umso weniger Zeit und Energie kann man für persönliche Beziehungen erübrigen. Deshalb hat Robert Reich, der Arbeitsminister, seine Arbeit niedergelegt – ein Bild von kaum zu überbietender Symbolkraft.

Die Balance zwischen Arbeit und Leben zu finden ist vor allem deshalb so schwierig, weil erfolgreiche Arbeit dazu neigt, sich selbst an die Stelle des Lebens zu setzen. Ich arbeite, also bin ich. Je besser ein Job in der modernen Wirtschaft ist, umso deutlicher zeigt sich sein Alles-oder-nichts-Charakter. Entweder man lässt sich von seinem Job auffressen, oder man arbeitet nur in der zweiten Reihe und verdient erheblich weniger. Je wichtiger die Arbeit, desto weniger wird sie Teilzeitarbeit sein. Deshalb kann man gerade bei den Erfolgreichen keinerlei Neigung zu langem Urlaub, Arbeitszeitverkürzung oder Familienauszeit erkennen. Peter M. Senge, der führende Organisationswissenschaftler am MIT, hat in diesem Zusammenhang auf einen sich selbst verstärkenden Rückkopplungskreislauf hingewiesen: Je mehr Zeit man in die Arbeit investiert, umso größer ist der Erfolg. Je größer der Erfolg, umso mehr Möglichkeiten eröffnen sich. Die neu eröffneten Möglichkeiten wecken wiederum den Wunsch, mehr Zeit für die Arbeit zu haben.

Der Arbeitsplatz ist überschaubarer als das moderne Leben. Deshalb bleiben immer mehr Menschen immer länger im Büro. Die Arbeit in der Firma ist einfacher als das Familienleben. Man ist am Arbeitsplatz kompetenter als zu Hause – und man bekommt im Zweifelsfall mehr Anerkennung. Das Arbeitsleben ist unter Umständen erfüllter, interessanter, luxuriöser und bunter als das Leben zu Hause. Deshalb wird die Arbeit zum eigentlichen Ort des Gemeinschaftserlebens – das Büro als Club. Das gilt für Singles genauso wie für Ehepartner, die den Arbeitsplatz als Ort der Erholung vom Stress der Familie schätzen gelernt haben. Dass man noch einen Berg Akten durchzuarbeiten hat ist eine bequeme Entschuldigung, wenn man es vermeiden möchte, zu Hause auf einen unglücklichen Partner und nervige Kinder zu stoßen. Und je weiter die Deregulierung der Gefühle in der Familie fortschreitet, umso mehr findet man das Gefühl von Sicherheit nur noch am Arbeitsplatz.

Wir haben es hier also mit einer Umkehrung des traditionellen Verhältnisses von Familienleben und Arbeitswelt zu tun. Im 19. Jahrhundert erschien die Familie vielen als Insel der Behaglichkeit in der herzlosen und ungnädigen Welt von Handel und

Industrie. Heute sehen es die meisten genau umgekehrt: Es ist viel leichter, ein erfolgreicher Geschäftsmann zu sein als ein guter Ehemann und Vater. Wer sich das Heldentum des Familienlebens nicht zutraut, flieht in die Arbeit.

So steht das Verhältnis von Arbeit und Familie heute auf dem Kopf: Im Büro fühlt man sich zu Hause, und zu Hause wartet die »entfremdete« Arbeit. Das bestätigen gerade auch die berufstätigen Frauen, die nichts mehr hassen als Hausarbeit. Die Arbeit wird gesellig, das Familienleben wird taylorisiert. Da es nun in einem von Zeitknappheit geprägten Familienleben immer entschiedener um effizientes Management geht, könnte man von einer Maskulinisierung des Heims sprechen. Und gleichzeitig beobachten wir eine fortschreitende Feminisierung des Arbeitsplatzes, an dem nun Vertrauen, Teamgeist und Kommunikation groß geschrieben werden. Hinzu kommen die produktivitätssteigernden Effekte der neuen Medientechnologien, die die Grenze zwischen Privat- und Arbeitsleben verschwimmen lassen.

Erfolgreiche Menschen sind bei der Arbeit zufriedener und kreativer als in der Freizeit. Arbeit fordert nämlich die Darstellung der eigenen Geschicklichkeiten heraus, während Freizeit kaum Geschick erfordert und deshalb rasch frustriert – Fernsehen ist dafür ein gutes Beispiel. Die Glücksverheißung der Freizeit ist also ein Aberglaube.

Die Arbeit der Erfolgreichen setzt sich deshalb nicht nur gegen die Familie, sondern auch gegen die Freizeit durch. Es ist nämlich sehr viel leichter, sich an Arbeit als an freier Zeit zu erfreuen. Die Arbeit ist ja durch Aufgaben, Regeln und Rückkopplungen sehr gut strukturiert. Man weiß immer, was zu tun ist. Das Paradies der Arbeit ist Absorbiertheit, wie der Schriftsteller Donald Hall sehr schön sagt. Regelmäßig etwas Notwendiges zu tun diszipliniert den Geist, macht zufrieden und gibt einem das Gefühl, von der Gesellschaft gebraucht zu werden. Es ist zutiefst befriedigend, in dem, was man tut, mit anderen verknüpft zu sein.

Aus der Arbeitsteilung der Industriegesellschaft wird deshalb heute Networking, Vernetzung. Das verändert den Begriff der Arbeit im Innersten. Während die vorindustriellen Arbeitsprozesse durch die Auseinandersetzung zwischen Mensch und Natur geprägt waren, hat die Industriegesellschaft den Arbeitsbegriff neu definiert: Der Mensch stand nun nicht mehr einer feindlichen Natur, sondern der eigenmächtigen Maschine gegenüber. Doch trotz aller Sozialromantik von Gewerkschaften und Sozialdemokraten, die im Stahlkocher des Ruhrgebiets immer noch den typischen Arbeiter sehen, ist auch diese Struktur nicht mehr aktuell. Zu Recht spricht man heute von postindustriellen Verhältnissen, denn Arbeit ist in erster Linie ein ernstes Spiel zwischen Personen.

Der Job ist längst kein Beruf mehr, sondern ein Medium ständiger Anpassung an die Erfordernisse des Arbeitsmarktes. Und dessen eigentliche Dramatik lässt sich nicht an den Arbeitslosenzahlen ablesen. Nicht nur die Jobs, sondern vor allem die Karrieren werden knapp. Was ist aber unter solchen Bedingungen überhaupt an Sicherheit möglich? Wir alle können nur noch für unsere allgemeine »Anstellbarkeit« Sorge tragen. Und daraus folgt etwas Überraschendes: Je unsicherer die berufliche Zukunft, desto riskanter ist eine praxisnahe Ausbildung. Der Mensch gewinnt – nämlich Möglichkeiten, Optionen –, indem er verliert – nämlich Fähigkeiten, Qualifikationen. Zu dem Job, den ich gerade habe, bin ich nicht »berufen«. Andere, wenn auch nicht beliebig andere, könnten ihn an meiner statt erledigen. Das, was der Vorstand des »Denkwerk Zukunft«, Meinhard Miegel, »Normarbeitsverhältnis« genannt hat, schwindet.

Auch wenn Kapitalismuskritiker und neuerdings Globalisierungsgegner unbeirrt mit der polemischen Kraft der Unterscheidung von Arm und Reich arbeiten, haben nüchterne Betrachter der modernen Gesellschaft bereits im 19. Jahrhundert erkannt, dass sie von der Unterscheidung Arbeit/Kapital abgelöst worden war. Aber auch diese Unterscheidung ist mittlerweile Geschichte. Der bedeutendste deutsche Soziologe, Niklas Luhmann, hat die Unbrauchbarkeit der Kapital/Arbeit-Unterscheidung angesichts der überragenden Bedeutung des Konsumfaktors so begründet: »Ob man verheiratet ist oder nicht und ob mit oder ohne Kinder, ob die Frau arbeitet oder nicht und ob man gegebenenfalls noch geschiedene Frauen zu unterhalten hat, ob man in einem ererbten Haus wohnt oder mieten muss – all das wird viel stärker zum ökonomischen Lebensschicksal als die tariflich garantierten Löhne oder gegebenenfalls Versicherungs- und Rentenleistungen. Die wirtschaftlichen Umstände des Arbeiterlebens sind also gar nicht in der Hand des Kapitalisten.«

In Zeiten hoher Sockelarbeitslosigkeit ist für die meisten Menschen nur noch eine Unterscheidung von Interesse, nämlich: mit oder ohne Arbeitsplatz. Aus der Armenfürsorge wurde in der modernen Gesellschaft die Arbeitsbeschaffung. Zusammen mit der Sozialversicherungsgesetzgebung sorgte diese dafür, dass auch die Schwächeren einen gerechten Anteil am Wohlstand bekamen. Heute stößt der Wohlfahrtsstaat weltweit an die Grenze der Finanzierbarkeit und zwingt die Politik zur Sprachakrobatik. In den USA wird der Begriff *Welfare* durch den Begriff *Workfare* verdrängt. In deutschem Klartext heißt das: Du hast die Verpflichtung, jeden Job anzunehmen.

Für den Marxismus und die Gewerkschaften war entscheidend, dass die Unterscheidung von Arm und Reich durch »Arbeit« gesprengt wurde. Aber gerade deshalb können sie heute nicht mitvollziehen, dass die Unterscheidung Kapital/Arbeit durch »Konsum« gesprengt wird. Das zeigt sich zum einen daran, dass der Konsument als der ultimative Arbeitgeber auftritt. Zum andern wird es, wie ich gerade gezeigt habe, immer schwieriger, Arbeit überhaupt noch von Nichtarbeit und Muße zu unterscheiden. Was ist ein Geschäftsessen? Was ist eine Diät? Man könnte am ehesten wohl sagen: produktive Konsumtion.

Und auch von der Muße des Spielens lässt sich produktive, erfolgreiche Arbeit im 21. Jahrhunderts kaum mehr unterscheiden. Eine gute Idee, die an einem Modell oder Programm demonstriert wird, weckt Lust, damit zu spielen. Dieses Spiel mit Prototypen vermittelt zwischen Theorie und Praxis. So führt uns die Frage nach dem Ursprung des Neuen zurück zum spielenden Menschen, der eben nur im Spiel »ganz Mensch«, also wahrhaft kreativ ist. Friedrich Schiller behält also recht. Zugleich ist aber auch klar, dass so ein Spiel nicht das Gegenteil von Arbeit ist. Und auch nicht das Gegenteil von Ernst. Überall wo Menschen ein Spiel spielen, das Spaß macht und zugleich harte Arbeit ist, kommt das Neue in die Welt. Arbeit, die Spaß macht, ist ein Spiel, und meist wird sie auch noch gut bezahlt. So ungerecht ist das Leben …

Wenn wir die Wirtschaft des 21. Jahrhunderts beschreiben wollen, müssen wir also auf lieb gewordene Unterscheidungen verzichten. Der Konsum ist selbst produktiv, Arbeit, die Spaß macht, ist ein Spiel, und der Markt des 21. Jahrhunderts ist ein Gespräch. Die authentische Stimme eines Mitglieds der eigenen Gemeinschaft ist vertrauenerweckender als das Gedröhne der massenmedialen Werbung. Der Ruhm, der von unten kommt, ist stabiler als die Botschaften von klassischem Marketing und Public Relations. In der Welt der sozialen Medien geht es um

Ansehen und Empfehlungen. Wer hier Profit machen will, muss die Wertschätzung in Wertschöpfung verwandeln. Menschen interessieren sich für Menschen, der Einzelne glaubt dem (Netz-)Nachbarn. Deshalb gleicht das Internet einem Basar, das heißt einem Ort, an dem jeder zugleich Teilnehmer und Publikum ist.

Was eine Marke bedeutet, ergibt sich jetzt aus dem Gespräch des Marktes, aus den Ratings und Rankings, dem Playlist Sharing der Musikfans, den Kundenkommentaren und Empfehlungen. In der Konsumöffentlichkeit des Internets versammeln sich die Menschen um Themen, die sie interessieren, und entwickeln eine neue Kommunikationskultur. Gerade die Allgegenwart des Marketings lässt die globale Mundpropaganda heute zur einzig authentischen Form der Überzeugung werden.

Damit hier kein Missverständnis entsteht: Diese Entwicklungen betreffen nicht nur die Konsumgütermärkte, sondern auch das Verhältnis der Unternehmen zu einander. B2B, also Business-to-Business, ist ja ein Medium des Vergleichs zwischen Unternehmen. Dieser Vergleich führt zur Entdeckung von Marktnischen, zum Out-Sourcing dessen, was andere besser können, zu Joint Ventures mit intelligenten Partnern oder auch zur Veränderung der eigenen Organisationsstruktur. Die Unternehmen stehen also keineswegs nur in Konkurrenzverhältnissen, sie ergänzen einander und bilden Netzwerke.

Diese Vernetzung von Firmen unterläuft die Unterscheidung von Unternehmen und Markt. Immer häufiger kommt es in der vernetzten Welt zu wechselseitigen Durchdringungen zwischen Markt und Organisation. Das ist einfacher zu verstehen, als es klingt. Jeder Knoten im Netz des »digitalen Kapitalismus« (Peter Glotz) arbeitet gleichzeitig autonom für sich und für das Netz. Hier handelt es sich nicht mehr um reine Organisationsstrukturen, aber auch nicht um bloße Transaktionen auf dem Markt, sondern um eigentümliche Mischgebilde, die für die Wirtschaft der Zukunft charakteristisch sind. Sie sind verlässlicher als der Markt, aber flexibler als die Organisation.

Digital vernetzte Organisationen lassen sich nicht mehr sinnvoll in einer Befehlshierarchie darstellen oder als klar abgegrenzte »Körperschaft« identifizieren. Ein Unternehmen ist heute nichts anderes als der Inbegriff seiner inneren und äußeren Beziehungen, die als Informationsprozesse gestaltet sind. Die Wettbewerbsposition eines Unternehmens wird also vor allem durch das Beziehungsgefüge bestimmt, in dem es zu anderen Unternehmen steht. Immer häufiger kommt es vor, dass Firmen gleichzeitig als Kunden, Konkurrenten und Partner zueinander in Beziehung treten.

Marktabhängigkeit heißt heute konkret Netzwerkabhängigkeit. Deshalb reden alle von strategischer Allianz und der »Koevolution« von Unternehmen und Kunden. In Kunstwörtern wie *Coopetition* verbirgt sich die Unternehmensphilosophie des Sozialkapitalismus, dass Erfolg gerade nicht in der Vernichtung des Konkurrenten besteht. Die Philosophie der *Coopetition* gilt also nicht nur für Allianzen wie die zwischen Nike und Apple, wo sich Jogging und Musik verbünden, sondern auch für direkte Wettbewerber, zum Beispiel IBM und Cisco oder Mercedes und BMW.

Die zentrale Formel unserer Zeit lautet deshalb: Netzwerk = Wettbewerb + Zusammenarbeit. Die Gelegenheiten, die Netzwerke bieten, erzeugen die Motivation zum Schenken, Teilen und Zusammenarbeiten. Deshalb kann man von der Geburt des Sozialkapitalismus aus dem Geist der Netzwerke sprechen. Es geht mir darum, die Moral und den neuen Geist des Kapitalismus nicht nur ethisch, sondern auch ökonomisch zu begründen – nämlich aus der Evolution der Kooperation in Netzwerken. Schon Nietzsches Zarathustra hat die schenkende Tugend gepredigt. Ich sage einfach: Es ist intelligent, nett zu sein. Im 21. Jahrhundert wird die Wirtschaft von einem Hybridantrieb auf Touren gebracht – verkaufen und teilen.

Abraham Lincoln hat einmal den großartigen Satz formuliert: »Man kann die Schwachen nicht stärken, indem man die Starken schwächt«. Die Anwendung dieser Einsicht auf mein Thema liegt auf der Hand. Soziale Gerechtigkeit gibt es nicht durch Umverteilung, sondern durch die Produktion sozialen Reichtums; nicht durch Sozialismus, sondern durch soziale Netzwerke und die Kraft des Einzelnen. Mehr staatliche Intervention, Konsumkontrolle und Begrenzung des Wachstums – das ist der falsche, fantasielose Weg. Eine Gesellschaft, die keinen positiven Begriff von Wachstum hat, geht unter.

Ich weiß natürlich, dass das heute sehr unpopulär klingt. Alle Welt ruft »Nachhaltigkeit« und meint damit: Schluss mit dem Wachstum. Das ist aber ein fatales Missverständnis. Natürlich haben wir in den letzten Jahrzehnten gelernt, dass es Grenzen des Wachstums gibt, und zwar nicht nur ökologische, sondern auch soziale. Das darf aber nicht dazu verführen, Abschied von der Idee des wirtschaftlichen Wachstums zu nehmen. Jede vernünftige Kritik des Wachstums bestimmt seine Grenzen – um es zu stabilisieren! Genau das heißt wohlverstanden »Nachhaltigkeit«. Alle Menschen sehnen sich nach Sicherheit und Stabilität. Aber wir müssen begreifen, dass es in der modernen Welt nur noch dynamische Stabilität gibt. Und das gilt eben nicht nur für die ökologische, sondern auch für die soziale Balance. Nur der Profit gibt der Moral Stabilität. Soziale Gerechtigkeit muss deshalb heißen: Profit für alle.

Aus dem puritanischen Profit zum höheren Ruhme Gottes

wird heute der sozialkapitalistische Profit für alle. Weil momentan in allen Medien von der Gier der Manager und Steuerhinterzieher die Rede ist, will ich hier besonders deutlich betonen, dass der moderne kapitalistische Profit nichts mit Habsucht oder Eigennutz zu tun hat, sondern einzig und allein mit Gewinn- und Verlustrechnungen. Gerade das Profitmotiv macht die Wirtschaft von den Wertschätzungen der Menschen und von den traditionellen Erwartungen der Gegenseitigkeit unabhängig. Es ist eine naive, romantische Vorstellung, dass der Kapitalist den Profit, den er macht, als Reichtum für sich selbst abzweigt. Profit ist systemisch. Profit ist kein Privatmotiv, sondern autonom. Und deshalb kann es Profit für alle geben.

Die Profitorientierung ist der Steuerungsmechanismus der modernen Wirtschaft, also völlig unabhängig von privaten Motiven des Kapitalisten. Profit ist die Bedingung für Innovation: dass man die Rentabilität von Investitionen kalkuliert und das Risiko des Neuen und Unerprobten eingeht. Im Profitmotiv entscheidet also der Markt durch den Unternehmer oder Manager hindurch. Profit ist nichts anderes als die opportunistische Anpassung der Produktion an Marktbedingungen. Um die Produktion am Markt zu orientieren, muss der Unternehmer die eigenen Investitionen profitorientiert kalkulieren. Das hat überhaupt nichts mit Egoismus zu tun und muss deshalb auch nicht mit Altruismus korrigiert werden.

All das hatte der Begründer der modernen Ökonomie, Adam Smith, begriffen, als er von der Moralphilosophie zur Wirtschaftstheorie wechselte. Seine Theorie der moralischen Gefühle wurde dadurch nicht falsch, sondern auf eine höhere Stufe gehoben – nämlich auf die des Reichtums der Nationen. Auch Max Webers Theorie vom protestantischen Geist des Kapitalismus wird ja nicht dadurch falsch, dass man das Profitmotiv aus der Investitionskalkulation hervorgehen lässt. Wenn man heute also zu Recht sagt, dass Unternehmen ein Gesicht brauchen, dann kann es nicht das Gesicht der christlichen Nächstenliebe und Menschenfreundlichkeit sein. Das erfolgreiche Unternehmen des 21. Jahrhunderts muss selbstbewusst Profit und Profil verbinden. Dem protestantischen Geist des Kapitalismus war das gelungen. Und die große Krise gibt uns die Chance, über den neuen Geist des Kapitalismus nachzudenken.

Jeder große Wandel setzt die Allgemeinheit einer großen Not voraus. Und eine Bankenkrise ist die schärfste Krise, weil sie die Sicherheit zerstört, im Medium Geld für die Zukunft Vorsorge treffen zu können. In der Not steckt aber die Chance, dass große Ideen wichtiger werden als das große Geld. Erst kommt das Profil, dann der Profit. Von der Linken ist hier nichts zu erwarten. Natürlich breitet sich heute wieder ein Salonsozialismus in den Medien aus, aber darin liegt weder eine Hoffnung noch eine Bedrohung. Wenn unsere Gesellschaft die Werte, die sich nicht in Preisen ausdrücken lassen, ernst nimmt, verschwindet das Gespenst des Sozialismus.

Wir haben gelernt, dass Demokratie eine Herrschaftsform mit vielen Fehlern ist, aber von allen Herrschaftsformen die beste. Jetzt müssen wir – nach dem schrecklichen Jahrhundertexperiment Sozialismus – noch lernen, dass der Kapitalismus eine Wirtschaftsform mit vielen Fehlern ist, aber von allen Wirtschaftsformen die beste. Es ist an der Zeit, das Gute am Kapitalismus zu würdigen. Und es gibt kein Lob, das authentischer klingt als das des klügsten Kapitalismuskritikers: Karl Marx. *Das Kapital* und *Das kommunistische Manifest* sind wahre Lobeshymnen auf die revolutionäre Kraft der Bourgeoisie. »Erst sie hat bewiesen, was die Tätigkeit der Menschen zustande bringen kann. Sie hat ganz andere Wunderwerke vollbracht als ägyptische Pyramiden, römische Wasserleitungen und gotische Kathedralen, sie hat ganz andere Züge ausgeführt als Völkerwanderungen und Kreuzzüge.«

Marx war voller Bewunderung für die revolutionäre Dynamik des Kapitalismus: »Die fortwährende Umwälzung der Produktion, die ununterbrochene Erschütterung aller gesellschaftlichen Zustände, die ewige Unsicherheit und Bewegung« – das macht die kapitalistische Epoche in der Weltgeschichte einzigartig. Die Globalisierung der Wirtschaft hat »die Produktion und Konsumtion aller Länder kosmopolitisch gestaltet«. Und durch »die unendlich erleichterten Kommunikationen« ist »ein allseitiger Verkehr, eine allseitige Abhängigkeit der Nationen voneinander« entstanden.

All das hat Karl Marx schon vor 160 Jahren klar gesehen und als revolutionäre Leistung des Kapitalismus anerkannt. Aber er hat auch schon die Gefahr gesehen, die der Linken nicht etwa von reaktionären Kräften, sondern gerade von den »Wohltätig keitsorganisierern« droht. Schon damals nämlich gab es zahlreiche Bemühungen des Kapitalismus selbst, »den sozialen Missständen abzuhelfen, um den Bestand der bürgerlichen Gesellschaft zu sichern«. Marx hat diese Bemühungen als »Bourgeoissozialismus« lächerlich machen wollen. Aber diese Bewegung war siegreich, und sie wird heute als Sozialkapitalismus wiedergeboren. Der Sozialkapitalismus beruht auf der Einsicht, dass die Wirtschaft Teil des Sozialen ist, nicht sein Gegenspieler.

Das hat Karl Marx nicht verstanden und deshalb auch das Motiv des Profits verkannt. Das Profitmotiv hat nämlich weder etwas mit der Abschöpfung von Mehrwert zu tun, wie die Marxisten behaupten, noch mit der Gier, wie Theologen und neuerdings auch Journalisten glauben. Das Profitmotiv ist kein Privatmotiv, sondern der Motor der kapitalistischen Wirtschaft.

Daran hat sich seit zweihundert Jahren nichts geändert. Doch die Art und Weise, wie Profit gemacht wird, ist heute eine ganz andere. Ich habe gezeigt, wie der Sozialkapitalismus versucht, Profit und soziale Verantwortung zu balancieren. Das kann man nicht nur auf den Märkten der Sorge beobachten, sondern auch am veränderten Verhältnis von Wirtschaft und Non-Profit-Sektor ablesen. Immer mehr Unternehmen begreifen, dass Non-Profit das Portal zum neuen Profit ist. Den Hintergrund dafür bildet die Infrastruktur der Wirtschaft des 21. Jahrhunderts: das Internet.

Mit den Business-Netzwerken hat das Zeitalter der Reputation begonnen. Aus Wertschätzung wird Wertschöpfung. Transparency International – dieser prägnante Name einer der wichtigsten Nichtregierungsorganisationen bringt es sehr gut auf den Begriff: Der Profit der Zukunft verdankt sich nicht mehr dem Betriebsgeheimnis, sondern der Transparenz. Mit anderen Worten: Profit ist kein Nullsummenspiel mehr, bei dem der eine gewinnt, was der andere verliert, sondern eine Win-Win-Konstellation. Und deshalb widersprechen sich Wettbewerb und Kooperation auch nicht mehr. Die Zukunft des Kapitalismus gehört den Hybriden aus der klassischen Ökonomie der Knappheit und der neuen Ökonomie des Teilens und Schenkens.

Auf der Suche nach dem Profit für alle werden wir zu realitätstüchtigen Idealisten. Jeder Erfolg verdankt sich ja einer organisierten Idee. Und gerade in Zeiten der Krise sind der Geist und die Hoffnung wichtiger als das System. Wer möchte nicht erfolgreich sein und profitable Geschäfte machen? Aber ich habe gezeigt, dass man dieses Ziel heute nur auf einem Umweg erreichen kann. Engagement geht vor Erfolg, Gemeinschaft geht vor Geschäft, Profil geht vor Profit. Der Homo oeconomicus der klassischen Wirtschaftswissenschaften kann das natürlich nicht verstehen. Es geht hier um einen neuen Geist, um eine neue Landkarte des Profits. Doch der kapitalistischen Wirtschaft fehlt es vielfach noch an intellektueller Führung. Wir haben keine Systemkrise, sondern, um Altkanzler Helmut Schmidt zu zitieren, eine »Krise der Hirne«.

»Die Leute wissen nicht, was gut für sie ist!«

Über die neue Stärke des vorsorgenden Sozialstaates

Wenn nun abschließend von den Zukunftsaufgaben der Politik die Rede ist, wird der Leser nach dem bisher Gesagten eine Kritik des Wohlfahrtsstaates erwarten. Zu Recht! Klarheit wird in dieser Frage aber meist nur durch Polemik erreicht. Und heute marschieren alle Parteien hinter der wehenden Fahne der »sozialen Gerechtigkeit«. Ich will es anders versuchen, namlich mit einer Kritik des Sozialstaates. Und Kritik heißt: die Grenzen bestimmen.

Ich bin nicht gegen den Sozialstaat – das wäre nicht nur unmenschlich, sondern auch dumm. Ich möchte ihn auf Augenmaß bringen. Man kann den Sozialstaat nämlich nur stärken, indem man ihn begrenzt. Sobald der Sozialstaat den Rechtsstaat überformt, verwandelt er sich in einen totalitären Wohlfahrtsstaat. Er schwächt den Einzelnen, indem er ihn durch Zwangsbetreuung entmündigt und seine Lebensführung übernimmt. Meine Kritik des totalen Wohlfahrtsstaates zielt also auf die Betreutenmentalität, die erlernte Hilflosigkeit. Sie ist der Todfeind von Mut und Initiative des Einzelnen.

Für fast jeden Einzelnen in der westlichen Welt ist das Leben besser als für die meisten in der ganzen Welt. Daraus folgt eigentlich die moralische Verpflichtung, die Gelegenheiten zu nutzen, die uns die moderne Gesellschaft bietet. Und noch nie gab es so viele Chancen für jeden Einzelnen. Lass dich nicht entmutigen vom Kartell der Mittelmäßigen! Hier hängt aber alles daran, wie sich der Staat neu formiert. Wir brauchen eine Philosophie des starken Sozialstaates, der gerade den Einzelnen stärkt und aus der Sackgasse des totalen Wohlfahrtsstaates heraussteuert.

Der starke Staat stärkt den Einzelnen, indem er ihn durch Vorsorge entlastet. Denn es gibt in einer modernen Gesellschaft keine Selbstverwirklichung ohne Bürokratie, keine Selbständigkeit ohne Betreuungsangebote – man denke nur an die Krippenplätze für Kinder berufstätiger Mütter. Wer Autonomie will, muss auf Autarkie verzichten. Das Ziel der Politik muss deshalb der mit Augenmaß balancierte Sozialstaat sein. Politische Vernunft besteht darin, Maß zu halten.

Der Titel dieses Buches, *Profit für alle*, wird ältere Leser vielleicht an ein Buch erinnern, das schon vor fünfzig Jahren erschien: Ludwig Erhards *Wohlstand für alle*. Es erzählt die unglaubliche Erfolgsgeschichte der sozialen Marktwirtschaft aus der Perspektive des Wirtschaftsministers und späteren Bundeskanzlers. Man kann daraus auch heute noch sehr viel lernen, und die aktuelle Diskussion um den Sozialstaat liefe in vernünftigeren Bahnen, wenn sie auf Erhards Niveau geführt würde. Erhard richtete sich vor allem gegen das Missverständnis des Sozialstaates als Versorgungsstaat. Der sozialistische Wohlfahrtsstaat bringt Armseligkeit für alle. Und wie die Geschichte der DDR gezeigt hat, beschert uns der real existierende Sozialismus nicht die klassenlose, sondern die seelenlose Gesellschaft.

Die soziale Marktwirtschaft hat den Deutschen nach dem

Zweiten Weltkrieg ein Maß an Wohlstand und sozialer Gerechtigkeit gebracht, das historisch und weltweit ohne Beispiel ist. Noch mehr Gleichheit, wie es die Egalitaristen der Linken fordern, zerstört die Produktivität. Wir dürfen uns die Idee des Wachstums nicht madig machen lassen. Die sozialistische Variante der sozialen Gerechtigkeit ist nämlich das verwaltete Elend eines gerecht verteilten, aber immer kleiner werdenden Kuchens. Vilfredo Pareto konnte zeigen, dass die soziale Gerechtigkeit in der Einkommensverteilung eines Landes wächst, wenn das Durchschnittseinkommen pro Kopf steigt. Die Kluft zwischen Arm und Reich ist also umso größer, je unproduktiver ein Land ist.

In wunderbarer Klarheit hatte Ludwig Erhard zum großen Geisteskampf zwischen Kapitalismus und Kollektivismus aufgerufen. Aber er wusste: »Geist lässt sich nicht befehlen.« Die geistige Haltung, die soziale Marktwirtschaft überhaupt erst ermöglicht, wird gerade durch die Wohlfahrtsstaatsmentalität zerstört. Das Bild, das Erhard dafür gefunden hat, ist prägnant: Jeder hat die Hand in der Tasche des Nachbarn. Es gibt keine soziale Marktwirtschaft mit dem sozialen Untertan des Versorgungsstaates. Deshalb forderte schon Erhard, soziale Gerechtigkeit neu zu denken. Sie kann »nicht auf dem Wege der Umverteilung bestehender Vermögen erreicht werden«. In seiner Regierungserklärung vom 18. Oktober 1963 forderte der Bundeskanzler stattdessen, »auf dem Wege über immer breiter gestreutes privates Eigentum das Selbstbewusstsein zu wecken und den Bürgersinn zu stärken«. Wer hätte heute den Mut zu diesem Klartext? Profit für alle ist möglich, wenn der Staat auf der Seite des Einzelnen steht.

Erfolgreiche, leistungsbereite und wachstumsorientierte Menschen kann man heute mit einem einzigen Wort in die Defensive treiben: »neoliberal«. Es suggeriert die Herrschaft eines schrankenlosen, globalen Kapitalismus, der Traditionsunternehmen zerpflückt, Millionen Arbeitsloser in die Hoffnungslosigkeit treibt und die Dritte Welt ausbeutet. Doch das ist kompletter Unsinn. Der Neoliberalismus, den man besser mit seinem Eigennamen »Ordo-Liberalismus« ansprechen sollte, hat mit dem Laisser-faire überhaupt nichts zu tun. Der geistige Vater der sozialen Marktwirtschaft, Wilhelm Röpke, versteht in seiner Lehre von der Wirtschaft die modernen Unternehmer »als Sozialfunktionäre, die einen Teil der Güterproduktion als Treuhänder der Nation verwalten«. Und kein einziger Ordo-Liberaler meint, dass sich der Staat aus der Wirtschaft heraushalten müsse.

Für den modernen Liberalen gibt es keine funktionierende Wirtschaft ohne einen starken Staat. Allerdings ist der starke Staat nicht umso stärker, je tiefer er in die Wirtschaftsprozesse eingreift. Im Gegenteil: Der Staat schwächt sich durch seine allgegenwärtigen regulierenden und helfenden Eingriffe. Wilhelm Röpke sagt es so: »je mehr Stabilisierung, umso weniger Stabilität«. Der starke Staat einer modernen Gesellschaft muss heute die Antwort auf die Frage finden, wie man den Kapitalismus vor sich selbst rettet. Der starke Staat hat also die Aufgabe, den Kapitalismus gegen die schlechten Kapitalisten zu verteidigen, das heißt, für die Herrschaft des Leistungsprinzips, die Freiheit des Marktes und die Demokratie der Konsumenten zu sorgen.

Die soziale Marktwirtschaft als Geistesverfassung – das ist die Antwort, die Wilhelm Röpke auf die Frage nach dem neuen Geist des Kapitalismus gefunden hat: die »Kombination von Freiheit, Ordnung und Fortschritt«. Das setzt aber einen starken Staat voraus. Zwei Grundüberlegungen sind bis zum heutigen Tag entscheidend: Der globalisierten Wirtschaft entspricht kein Weltstaat. Und man kann nicht alle staatlichen Leistungen privatisieren. Für den unmöglichen Weltstaat gibt es liberale Ersatzformen, vor allem natürlich das Währungssystem, das Rechtssystem und das Moralsystem. Aber es gibt eben auch im Wirtschaftsleben spezifisch staatliche Leistungen, die nicht durch Privatinitiative ersetzt werden können, zum Beispiel das System der Geldregulierung. Formelhaft gesagt: Die Wirtschaft gibt Gas, der Staat bremst.

Auch unserem Problem der sozialen Gerechtigkeit nähern sich kapitalistische Wirtschaft und demokratische Politik auf unterschiedliche Weise. Die Wirtschaft verspricht Profit, die Politik verspricht Chancengleichheit. Die Unterscheidung von Reich und Arm ist für die Wirtschaft deshalb unproblematisch, für die Politik aber höchst brisant. Die demokratische Politik hat ein positives Verhältnis zur Gleichheit, die kapitalistische Wirtschaft hat ein positives Verhältnis zur Ungleichheit. Sowohl die Bedürfnisse als auch das Geld müssen ungleich verteilt sein, damit Marktgeschehen in Gang kommt. Für mich ist das Auto unerschwinglich, für dich nicht. Für dich ist die Kreuzfahrt unattraktiv, für mich nicht.

Der Sozialkapitalismus ist ein System der Ungleichheit, in dem jeder mehr erreicht als in jedem denkbaren System der Gleichheit. Jeder Einzelne kann durch sein Leben in sozialen Netzwerken mehr bekommen, als alle anderen opfern. Die bunte Vielfalt der Talente und Exzellenzen lässt jeden profitieren. Das ist tatsächlich die beste aller möglichen Welten. Sie trägt sich allerdings nicht selbst, sondern braucht einen »Geist« und eine staatliche Verfassung. Der Philosophieprofessor Robert Nozick hatte den fabelhaften Mut, die Inspiration für diesen Geist der besten aller möglichen Welten in der Utopie zu suchen.

Spätestens jetzt werden die meisten Leser mit dem Kopf schütteln: Geist, die beste aller Welten, Utopie – das klingt nach verblasenem Idealismus. Brauchen wir nicht gerade heute, in der tiefen Krise, einen nüchternen Realismus? Aber was Robert Nozick mit Utopia meint, ist nicht eine gedankliche Blaupause für das richtige Leben, sondern ein staatlicher Rahmen für freie Experimente mit dem guten Leben. Seine Utopie ist eine Meta-Utopie, der Entwurf einer Welt der Diversität, in der verschiedene Gemeinschaften verschiedene Lebensformen erproben – und jeder Einzelne die Möglichkeit hat zu sagen: »Das ist nicht mein Ding!«

Wie könnte der staatliche Rahmen für den neuen Geist des Kapitalismus aussehen? Hier kann man viel von der jüngeren deutschen Geschichte lernen. Ich meine die Geschichte von Bismarcks Sozialgesetzgebung bis zu Gerhard Schröders Agenda 2010. Die deutsche Sozialdemokratie hat alles verwirklicht, was am Sozialismus vernünftig war. Schon 1929 konnte der Wirtschaftswissenschaftler und religiöse Sozialist Eduard Heimann, dessen Vorträge einen großen Eindruck auf unseren späteren Bundeskanzler Helmut Schmidt machten, von der »Verwirklichung der sozialen Idee im Kapitalismus gegen den Kapitalismus« sprechen. Diese Formulierung stammt aus einem Buch mit dem sprechenden Titel *Soziale Theorie des Kapitalismus*. Man kann es auch so sagen: Das Jahrhundertexperiment des Sozialismus ist gescheitert, und gleichzeitig sind alle seine vernünftigen Forderungen vom Kapitalismus selbst erfüllt worden. Die Arbeiter sind als Bürger anerkannt, die Konservativen akzeptieren den Wohlfahrtsstaat, und die meisten Linken sind Reformer geworden.

Ich werde im Folgenden vor allem die Schattenseiten des Wohlfahrtsstaats betonen, weil er einen bösen Geist erzeugt hat, der jede Produktivität hemmt. Darüber darf man aber nicht seine welthistorische Leistung vergessen. Der moderne Staat garantiert heute Minimalstandards des Lebens als politische Rechte, nicht als Almosen. Der Wohlfahrtsstaat hat erstmals alle Menschen in die bürgerliche Gesellschaft eingeschlossen – das ist und bleibt eine großartige Leistung. Um sie zu bewahren, müssen wir ihn heute aber kritisieren, das heißt seine Grenzen bestimmen.

Diese dringend notwendige Kritik des Wohlfahrtsstaates wird gegenwärtig durch die Weltwirtschaftskrise blockiert, die die Linke genussvoll in eine Kritik des Kapitalismus ummünzt, um dann seinen Untergang vorauszusagen. Dieses Krisengerede appelliert an alle und lädt alle ein, sich daran zu beteiligen. Man kann die Krise aber auch im griechischen Wortsinn als *Krisis* verstehen, das heißt als Einheit von Gefahr und Chance. Darin steckt die Aufforderung, neu zu denken, und darin wiederum steckt Hoffnung. Wie viel Optimismus ist möglich? Nur in einer schweren Krise gibt es eine Chance für neues Denken.

Krise heißt, dass wir die Balance verloren haben. Das ist aber keine Katastrophe, sondern nur ein dramatischer Hinweis darauf, dass das Risiko unser Schicksal ist. Je moderner, arbeitsteiliger und globaler die moderne Wirtschaft wird, desto anfälliger wird sie für Gleichgewichtsstörungen. Man könnte sagen: je produktiver, desto krisenanfälliger. Wer Profit für alle will, muss auf des Messers Schneide balancieren lernen. Profite sind möglich, wenn Menschen bereit sind, Risiken einzugehen, sich der Ungewissheit zu stellen, innovativ zu sein und ständig nach neuen Gelegenheiten Ausschau zu halten.

Das Risiko ist die Gestalt der Zukunft in der Gegenwart. Zum Verdruss der Risikoscheuen gibt es heute keine Alternative mehr zwischen riskantem und sicherem Verhalten. Wer »auf

Nummer Sicher« geht, riskiert den Verlust einer Chance. Die Bedingung der Möglichkeit von Politik heute ist es gerade, dass niemand weiß, was die Zukunft bringt. Denn politische Programme sind genauso weit zustimmungsfähig, wie ihre Folgelasten unüberschaubar sind. Demokratie hält die Möglichkeiten zukünftiger Wahl offen. Deshalb hat der Politikwissenschaftler Adam Przeworski es als die fundamentale demokratische Tugend bezeichnet, die Ungewissheit zu lieben.

Wir müssen den Begriff der sozialen Gerechtigkeit dem Egalitarismus der sozialistischen Neidgesellschaft entreißen und ihn als Begriff der modernen Balance neu denken. Dass Menschen unterschiedlich sind, ist nämlich nicht rechtfertigungsbedürftig. Soziale Gerechtigkeit neu zu denken, heißt, sie mit Ungleichheit zusammen zu denken. Es geht hier um die Produktion des sozialen Reichtums, um das öffentliche Interesse und Gemeinwohl, also um die große politische Utopie, die in der Französischen Revolution Brüderlichkeit hieß. Brüderlichkeit ist die beste Idee vom guten Leben, die wir haben, sagt der Philosoph Ernst Tugendhat. Genau hier hat die Idee der sozialen Gerechtigkeit ihren Ort. Das Gemeinwohl ist für die Politik, was die Freiheit für die Moral und was Gott für die Religion ist. Der Historiker Ernst Nolte hat in diesem Zusammenhang von einem »Idealsozialismus« als regulativer Idee der Politik gesprochen: Solidarität als Erwartung. So viel – aber nur so viel! – Sozialismus muss sein.

Freie Wirtschaft, selbstbestimmte Einzelne und starker Staat stehen nicht zueinander in Gegensatz, sie setzen einander gegenseitig voraus. Nun gibt es Definitionen des starken Minimalstaates, die nach wie vor richtig sind, aber nicht mehr ausreichen. Ich zitiere hier nur die prägnante Bestimmung der Aufgaben des Staates durch Nietzsche: »Schutz nach außen, Schutz nach innen und Schutz gegen die Beschützer.« Diese Formel bleibt wahr und wertvoll, wird aber der Wirklichkeit unserer Gesellschaft nicht mehr ganz gerecht. Die Funktion des Staates geht heute weit über das hinaus, was die bürgerliche Gesellschaft ihm zuschrieb, nämlich Sicherheit, Schutz des Eigentums und Schutz der persönlichen Freiheit. Politik hat die Aufgabe, die Präferenzen der Bürger zwischen privaten und öffentlichen Gütern zu balancieren. Öffentliche Güter wie gute Luft erwirbt man ja indirekt, indem man Steuern zahlt.

Die Stärke des modernen Staates ist davon abhängig, dass sich die Einzelnen in ihrer Besonderheit entwickeln. Stark ist ein Staat dann, wenn Gemeinwohl und Individualismus einander gegenseitig steigern. Hegel hat das die »Vereinigung von Pflicht und Recht« genannt. Nur so kann man Freiheit organisieren. Der starke Staat stärkt den Einzelnen. Und das tut er konkret, indem er etwas Geistiges objektiviert. Zu Deutsch: Der Staat verwirklicht das Recht und die Freiheit – das ist seine Würde. Deshalb ist es kindisch, gegen den Staat zu sein. Hegel hat einmal gesagt, eine halbe Philosophie führe vom Staat weg, die wahre Philosophie aber führe zum Staat hin. Man muss ihn ja nicht gleich für die Wirklichkeit der Vernunft halten. Aber wer erwachsen ist, erkennt die Vernunft in der Wirklichkeit des Staates an.

Zugegeben: Von einem solchen Verständnis des Staates sind die meisten noch weit entfernt. Aber warum ist es so schwer, die Vernunft in unserer staatlichen Wirklichkeit zu erkennen? Diese Frage lässt sich sehr klar beantworten. Das politische System ist heute der Schuttabladeplatz aller Probleme der modernen Gesellschaft. Dadurch wird die Politik genauso überfordert wie durch die traditionelle Vorstellung, sie könne die Einheit der Sozialordnung darstellen. Ein starker Staat darf das eine so wenig akzeptieren wie das andere versprechen. Der Staat schwächt sich, wenn er seine Funktionen ausweitet. Dieses Problem kann man aber nicht mit der altliberalen Forderung »Weniger Staat!« angehen. Es geht nicht einfach um weniger Staat, sondern um so wenig Staat wie möglich. Der starke Minimalstaat ist jene Meta-Utopie, von der Robert Nozick spricht.

Für den selbstbestimmten Einzelnen, die neuen sozialen Netzwerke, den sorgenden Kapitalismus und den vorsorgenden Staat gilt gleichermaßen: Selbstbegrenzung ist das Geheimnis der Kraft. Das zeigt sich in den Formen der Selbsttranszendierung – im Gegensatz zur Selbstverwirklichung. Das gilt für einen an postökonomischen Werten orientierten Sozialkapitalismus – im Gegensatz zum Utilitarismus. Das gilt für die befreiten Gemeinschaften der Internet-Kultur – im Gegensatz zum Kollektivismus. Und das gilt eben auch für den starken Minimalstaat – im Gegensatz zum Sozialismus.

Fast in allen westlichen Ländern erwarten die Bürger ganz selbstverständlich, dass der Staat den Finanzmarkt und den Arbeitsmarkt kontrolliert, dass er öffentliche Güter, Bildung und Gesundheit finanziert und dass er für die Steuerung der Reichtumsverteilung sorgt. Deutschland ist hier durchaus vorbildlich. Kein Zweifel also: Wir brauchen einen starken Staat. Aber wir brauchen einen sozial gezähmten Sozialstaat. Das müsste das Credo jedes Wirtschaftsliberalen sein, denn der starke Staat soll ja gerade auch das kapitalistische Wachstum hegen.

Es gibt in Zukunft keinen Kapitalismus mehr ohne Sozialstaat. Er sorgt für die Rahmenbedingungen erfolgreichen Wirtschaftens. Und das gilt nicht nur für die Binnenmärkte. Wenn etwas in der großen Finanzkrise des Jahres 2008 deutlich geworden ist, dann eben die Notwendigkeit eines staatlichen Sicherheitsnetzes für den freien Weltmarkt. Man kann nicht die Globalisierung der Märkte wollen und gleichzeitig den Staat verteufeln. Denn Globalisierung heißt Netzwerkeffekte und positive Rückkopplung: Winzige Ursachen können gewaltige Wirkungen haben, Abweichungen schaukeln sich auf. Deshalb muss die Politik in die Märkte eingreifen. Die Frage ist nur, was das heißt. Soll die Regierung mit Milliardenbeträgen einspringen, wenn sich Banken verspekuliert haben? Kritiker sprechen in diesem Zusammenhang sarkastisch von einem neuen Wohlfahrtsstaat für die Reichen. Der Fall der Hypo Real Estate hat gezeigt, dass auch konservative Regierungen eingreifen, um das Finanzsystem zu retten. Der freie Markt ist bei Lichte betrachtet also schon heute ein regulierter Markt.

Der Staat soll den freien Markt nur durch Rahmenbedingungen führen, nicht aber die Wirtschaft direkt bestimmen. Die Politik kann nicht wirtschaften, das hat die kurze Geschichte des real existierenden Sozialismus bewiesen. Die staatliche Planung der Wirtschaft steigert nämlich nur die Macht der Beamten. Gegen diese Macht schützt übrigens auch die Demokratie nicht, im Gegenteil. Denn Demokratie erzeugt aus sich selbst heraus Bürokratie, weil sich ihre Bürger über Ansprüche definieren, die der Staat als Rechte schützen soll. Mehr Demokratie wagen hieß bisher, mehr Bürokratie in Kauf nehmen.

Eine bittere Lektion der Weltwirtschaftskrise könnte deshalb am Ende lauten: Was die Politik diskutiert und entscheidet, betrifft die Wirtschaft, bestimmt sie aber nicht. Politik kann rahmen, aber nicht planen; sie kann kontrollieren, aber nicht instruieren. Deshalb sollte man streng genommen auch nicht von Regulierung sprechen. Leistungsfähig ist die Politik nur dann, wenn sie sich nicht als Steuerungszentrum der Gesellschaft missversteht. Der starke Staat ist gerade nicht der universale Problemlöser. Er darf gerade nicht die Gesamtverantwortung für die Gesellschaft auf sich laden, denn damit würde er sich übernehmen. Das bedeutet aber auch umgekehrt, dass die Erwartungen, die die Menschen an die Politik richten, nur erfüllt werden können, wenn sie nicht erwarten, dass die Politik die führende Rolle in der Gesellschaft übernimmt. Ich sagte es schon einleitend: Die Stärke des modernen Staates liegt in seiner Selbstbeschränkung. Und wir, die Bürger, müssen das einsehen.

Ein starker Staat setzt also die Reduktion von Politik auf ihre eigentliche Funktion voraus. Im Gegensatz zum Betreuungs- und Versorgungssozialismus des Wohlfahrtsstaates, der sich nicht mehr mit dem Gemeinwohl begnügt, sondern das Glück seiner Bürger garantieren möchte, weiß der starke Staat, dass er zum guten Leben des Einzelnen nichts Wesentliches beitragen kann. Das entspricht übrigens ganz der Tradition einer Politik des Gemeinwohls, die noch deutlich öffentliche von privaten Interessen unterschieden hat. Heute dagegen können immer mehr private Interessen von Interessenorganisationen als öffentliche durchgesetzt werden – im Namen einer »sozialen Gerechtigkeit«, die gerade das Gemeinwohl ignoriert.

Neue Stärke kann der vorsorgende Sozialstaat nur entwickeln, wenn ihm ein ganz bestimmter Übergang gelingt, nämlich der Übergang vom klassischen Sozialstaat, der durch soziale Hilfe das traurige Los der Schwachen und Unglücklichen lindert, zu einer »proaktiven« Politik des Forderns und Förderns, die die Initiative des Einzelnen belohnt. Das ist eine Politik auf Messers Schneide – zwischen der Abweisung von Not auf der einen Seite und einer Technik des Glücks auf der anderen. In dieser historischen Chance liegt zugleich auch ein Risiko: Misslingt dieser Übergang, droht die Despotie neuer »Wohlfahrtsausschüsse«.

Der Begriff der sozialen Gerechtigkeit führt auf eine abschüssige Bahn, sobald er einen an den Staat gerichteten Anspruch auf Glück geltend macht. Angesichts dieser Gefahr führt aber der altliberale Reflex »weniger Staat« in die falsche Richtung. Denn modernes Leben hat einen Preis: Wie ich mein Leben führe, wird immer stärker abhängig von Entscheidungen des Staates. Ein Netz präziser kleiner Vorschriften liegt über der Existenz jedes Einzelnen und macht ihn in den einfachsten Angelegenheiten des Lebens abhängig vom vorsorgenden Sozialstaat. Das gilt auch für die Selbständigen. Hier gibt es kein *Simplify your life*. Psychische Gesundheit und soziale Stabilität liegen heute in der Ausgewogenheit zwischen Selbständigkeit und Abhängigkeit.

Der Staatsrechtler Ernst Forsthoff hat in diesem Zusammenhang ein interessantes Begriffspaar eingeführt. Er unterscheidet den beherrschten vom effektiven Lebensraum. Im Prozess der Moderne schrumpft der beherrschte Lebensraum, in dem das Individuum eine gewisse Autarkie hat, also als Herr auftreten kann, während sich der effektive Lebensraum durch Technik und Medien enorm erweitert. Je moderner man lebt, umso größer wird die Abhängigkeit von staatlichen Versorgungsapparaturen, von Leistungen der Daseinsvorsorge. Im effektiven Lebensraum gewährleistet der Staat die Existenz.

Das erinnert auf den ersten Blick an die berühmte Unterscheidung, die der Soziologe Helmut Schelsky zwischen dem selbständigen und dem betreuten Menschen getroffen hat. Doch Betreuung ist in der modernen Gesellschaft nicht mehr das einfache Gegenteil der Selbständigkeit. Modernes Leben steht nämlich unter dem Motto: je freier, desto abhängiger. Um selber mehr leisten zu können, macht man sich freiwillig von fremden Leistungen abhängig. Zugang zu einer Leistung oder

Funktion heißt immer auch Abhängigkeit von ihr. Man verzichtet auf Herrschaft, um besser steuern zu können. Abhängigkeit von staatlichen Leistungen und Spielräume der Existenz wachsen miteinander.

Hier müssen die Konservativen und Altliberalen umlernen. Es geht um das rechte Verständnis des sozialen Rechtsstaates. Denn man kann der verwalteten Welt, dem Paternalismus des vorsorgenden Sozialstaates und der erlernten Hilflosigkeit der Anlehnungsbedürftigen nicht mehr einfach mit der Parole »Freiheit oder Sozialismus« entgegentreten. Das verkennt auch Helmut Schelskys Gegenüberstellung des betreuten und des selbständigen Menschen. Aber sie macht eine wichtige Gegenrechnung auf. Gegen die Abhängigkeit vom leistenden, gewährenden Staat bietet die Rechtsstaatlichkeit keinen rechten Schutz mehr. Deshalb droht uns ständig, durch Betreuung beherrscht zu werden – erst betreut, dann abhängig, dann gebeugt. Man kann auch zu sozial sein.

Die Temperierung des Sozialen ist eine hohe Kunst, die wir erst noch lernen müssen. Dass wir es heute, am Ende der Geschichte des Wohlfahrtsstaates, mit oft grotesken Wucherungen des Sozialen zu tun haben, hat aber nicht nur politische Gründe. Die »linke« Entmündigungspolitik, die ihre Wähler durch Sozialtransfers ködert, kann nämlich nur durch die sentimentale Begleitmusik der Massenmedien die nötige Gefühlsstütze bekommen. Die »Lazarettpoesie«, über die Goethe einmal gespottet hat, wird heute vom Fernsehen verbreitet. Die Entwicklung der Medientechnologien hat uns in ein Zeitalter geführt, von dem der Jesuitenpater und Medienwissenschaftler Walter J. Ong sagen konnte, es sei so ausdrücklich und programmatisch sozial wie nie ein Zeitalter zuvor. Elektronische Medien haben nämlich eine Weltkommunikation in Echtzeit ermöglicht, die uns die Empfindung der Allgegenwart vermittelt. Alles, was auf der Welt geschieht, geht uns nun etwas an. Wir alle entwickeln durch Radio, Fernsehen und Internet einen sozialen Sinn für die globale Einheit.

Deshalb werden Formen direkter Demokratie wieder attraktiv. Das ist natürlich nur mit den Medien und in den Medien möglich. Man denke nur an die wachsende Bedeutung der Meinungsumfragen, die mittlerweile den Rahmen für alle politischen Entscheidungen abgeben. Die Leute wollen nicht nur in ihrem eigenen Leben einen Unterschied machen, sondern sie wollen auch sehen, wie ihre gute Gesinnung die Welt verändert. Hier zu helfen, zu betreuen und zu beraten ist längst Sache eines großformatigen Betriebs geworden, der von den Medien und dem Mitleid am Leben gehalten wird. Betroffenheit durch die Hilfsbedürftigkeit der Opfer eines unfairen Marktes – das ist die heute vorherrschende demokratische Empfindung, die uns alle zu roten, grünen oder schwarzen Sozialisten macht. Und da die eigene Stimme nicht wahlentscheidend ist, kostet es fast nichts, die Partei des Mitleids zu wählen und sich gut dabei zu fühlen.

Es ist nicht schwer, dieses Gutmenschentum als Heuchelei zu entlarven. Aber jede Heuchelei hat ihre eigene Dialektik. Und deshalb will ich hier fragen: Was ist gut an den Gutmenschen? Tatsächlich ist ihre moralistische Aggression ein für die moderne Gesellschaft unverzichtbarer sozialer Mechanismus. Er dient nämlich zum Schutz der Altruisten. Denn je dynamischer unsere Gesellschaft sich entwickelt, umso wahrscheinlicher wird das Trittbrettfahren und Betrügen. Deshalb brauchen wir den Moralismus der Gutmenschen, der schon immer eine soziale Technik der Kontrolle von Betrügern war. Man kann heute von Evolutionspsychologen lernen, dass es eine genetische Selektion für moralistische Aggressivität gegen Betrüger und Trittbrettfahrer gibt. Sie findet in den Massenmedien ein ideales Instrument. Sie regulieren den Markt für Achtung und Aufmerksamkeit.

Die Tugendbehüter, von denen Vilfredo Pareto einmal gesprochen hat, gibt es heute aber nicht nur in den Redaktionsstuben der Zeitungen und Fernsehanstalten, sondern auch in den virtuellen Gemeinschaften und sozialen Netzwerken des Internets. Wie eh und je wird geklatscht und getratscht, nur dass die Gerüchte heute in Lichtgeschwindigkeit die Runde machen. Der Klatsch heißt jetzt zwar Chat, aber nach wie vor hat er die Funktion sozialer Kontrolle und dient dem Management der Achtung und des Ansehens.

In diesem Spannungsfeld von Gesinnungen und Werten, Medien und Politik bildet sich das, was der antiliberale Sozialphilosoph Georges Sorel den sozialen Mythos genannt hat. Und der starke Staat muss an diesem Mythos arbeiten. Fast alle Probleme, die wir mit der Politik heute haben, hängen daran, dass sich der Staat in seiner Arbeit am Mythos des Sozialen nicht mehr an einer verbindlichen Wertehierarchie orientieren kann. Wert heißt immer: das eine aufgeben, um das andere zu bekommen. Man kann also keine Werte verwirklichen, ohne andere Werte zu verwirken. Regulierung der Finanzmärkte, War on Terror, Road Map, Windkraft, Gen Food, Arbeitslosigkeit, EU-Erweiterung – was ist wirklich wichtig? Karriere, Kinder, Gesundheit, Weltreise, Weiterbildung, neue Wohnung – was ist wirklich wichtig? Hier hilft keine Logik weiter. Man kann immer nur von einem Spitzenwert zum anderen wechseln, und dazu braucht man die Gefühle als Unterbrechungsmechanismus.

Nur Gefühle ermöglichen das Umschalten von einem Wert

zum anderen. Das erklärt sehr gut, warum sich die politische Öffentlichkeit fortschreitend emotionalisiert. Die Aufladung der Themen mit Gefühlen ermöglicht rasche Drehungen des Wertekarussells. Und das steigert die Fähigkeit unserer Gesellschaft, sich an Unvorhergesehenes anzupassen.

Gerade weil sie keine verbindliche Wertetafel mehr hat, wächst ihre moralische Produktivität, nämlich durch eine Art Arbeitsteilung der Werte. Das gilt für den Staat genauso wie für den Einzelnen: Der Einzelne trägt zur Produktion des sozialen Reichtums durch seine »Commitments« bei, also durch seine freiwilligen Wertbindungen. Und die zeigen sich vor allen Dingen auf dem Markt. Der Staat produziert sozialen Reichtum durch seine prinzipielle Reformbereitschaft. Ein Wort wie »Reformstau« macht sehr schön deutlich, dass wir Reformen für das Normale halten und sofort bereit sind, jeden Widerstand dagegen zu skandalisieren.

Das führt heute dazu, dass die Frage »Wozu Reformen?« gar nicht mehr gestellt werden kann. Reformismus ist prinzipiell gut begründet, weil alle Institutionen Anpassungsleistungen längst vergangener Zeiten repräsentieren. Der Soziologe Harrison White spricht in diesem Zusammenhang von einem sozialen Ausglühen. Reformismus erhitzt das »Material« der Gesellschaft – in der Hoffnung auf neue Zusammensetzungen. Jede Reform erscheint dann als ein Feldversuch der experimentierenden Gesellschaft.

In der Welt der Wirtschaft hat jeder die freie Wahl, mit seinem Geld zu machen, was er will. Ganz anders ist es in der Welt der Politik. Dort fallen soziale, jeden Einzelnen bindende Entscheidungen, das heißt, eine Gemeinschaft trifft eine öffentliche Wahl, die der individuellen Nachfrage sehr oft widerspricht. Der englische Systemanalytiker Geoffrey Vickers hat deshalb die politische Wahl des Bürgers noch sehr scharf von der Wahl des Konsumenten auf dem Markt abgegrenzt. Es wird aber heute immer schwieriger, private und öffentliche Interessen zu unterscheiden, weil zunehmend staatliche Regulierungen von Konsumenten nachgefragt werden.

Mit jeder politischen Entscheidung – sei es der Ausstieg aus der Atomkraft, sei es die Hartz-Reform – erzeugt die Regierung Wertkonflikte. Ist Windkraft ein Fanal der neuen Nachhaltigkeit oder nur eine hirnrissige Verspargelung der Landschaft? Sollen sich Frauen in erwerbsmäßiger Arbeit selbst verwirklichen oder doch besser für Nachwuchs sorgen? Soll man für die Bildung nach dem Pisa-Schock Schulden machen, die die Jüngeren belasten werden, oder auf eine Konsolidierung der Haushalte setzen? Soll man Opel retten oder die Kräfte des Marktes walten lassen? Es gibt hier keine richtigen Entscheidungen. Oder anders gesagt: Wie immer sich die Regierung entscheidet – sie wird es bereuen.

Mit Steuern kauft man gewissermaßen öffentliche Dienstleistungen und soziale Güter wie Sicherheit, Gesundheit, Mobilität, Bildung. Doch diese Kaufakte vollziehen sich notwendig in der Form einer öffentlichen Wahl, die ebenso notwendig Wertkonflikte erzeugt. Der klassische ökonomische Ansatz stößt hier auf zwei unlösbare Probleme. Zum einen ist der Index des Wohlbefindens immer subjektiv, zum andern ist der Eigenwert der wichtigsten Güter immer ungewiss. Diese Probleme werden vom sozialen Mythos verdeckt. So fordern wir nicht nur den Rechtsstaat, sondern den sozialen Rechtsstaat; nicht nur Gerechtigkeit, sondern soziale Gerechtigkeit; nicht nur Politik, sondern Sozialpolitik; nicht nur Demokratie, sondern Sozialdemokratie; nicht nur Marktwirtschaft, sondern soziale Marktwirtschaft.

Nicht anders als die Brüderlichkeit der Französischen Revolution ist auch das Soziale ebenso verheißungsvoll wie schwer definierbar. Deshalb ist es nur logisch, dass sich die politische Linke heute nicht mehr an einer kritischen Theorie der Gesellschaft, sondern am sozialen Mythos orientiert. Statt »kritisch« sagt man heute »sozial«. Das ist der semantische Markenartikel des Wohlfahrtsstaates. Man kann es auch so sagen: Der Mythos des Sozialen ist der Ausdruck für das Unbehagen in der modernen Welt.

Hier lohnt ein kurzer Blick zurück in die Geschichte. Für Otto von Bismarck war der von der politischen Linken gefeierte Aufstand der Pariser Kommune ein Trauma, eine Urszene moderner sozialer Revolten, gegen die der Staat Notwehrmaßnahmen ergreifen musste. Und es war eben das Genie Bismarcks, nicht nur mit Verbots- und Strafgesetzen zu reagieren, sondern auch so weit wie möglich den Wünschen der arbeitenden Klassen entgegenzukommen. Man kann dem Mythos des Sozialen nur Einhalt gebieten, wenn »man realisiert, was in den sozialistischen Forderungen als berechtigt erscheint«. All das blieb bei Bismarck natürlich im Rahmen einer christlich-konservativen Staatsidee, aber es war eben doch auch schon ein Patriarchat der Sozialfürsorge. Bismarck hat Sozialpolitik als innere Reichsgründung betrieben. Den Kerngedanken, nämlich eine allgemeine Versicherung der Besitzlosen durch die Gemeinschaft, hat Bismarck in aller Klarheit als staatssozialistisch begriffen. Überliefert ist die Gesprächsäußerung: »Der Staatssozialismus paukt sich durch. Jeder, der diesen Gedanken aufnimmt, wird ans Ruder kommen.«

Die Deutschen konnten die Pioniere des Sozialen werden, weil sie keine nennenswerte liberale Tradition haben. Nirgendwo lässt sich die historische Voraussetzung der modernen Gesellschaft deshalb besser studieren als in Deutschland: die autonome Sozialtendenz, die auf eine Ergänzung des Rechtsstaates durch eine Gefühlsdemokratie drängt. Das hat einen sehr realen Hintergrund. In der modernen Welt versagt die altruistische Fürsorge des Einzelnen genauso wie die liberale Selbstregulierung der Wirtschaft.

»Sozial« ist das Gott-Wort unserer Gesellschaft. Es bezieht seine Faszinationskraft aus seiner Unbestimmtheit. Das Soziale ist einerseits der moderne Ort der Moral. Seit Rousseau begründet das Soziale andererseits das Politische. Und gerade wenn man an den uns so selbstverständlichen Begriff des sozialen Rechtsstaates denkt, müsste man begreifen, dass das Wort »sozial« selbst keinen juristischen Sinn hat. Es ist vielmehr ein rein politischer Zielbegriff, der vor allem auf die Güterverteilung bezogen ist. Ich habe diesen zentralen Gedanken bereits eingeführt: Der Kern des Rechtsstaates ist die Verfassung, die gewährleistet, der Kern des Sozialstaates ist die Verwaltung, die gewährt. Diese Spannung kann man nicht abbauen, sondern nur institutionalisieren. Genau das ist der Auftrag unseres Grundgesetzes.

Den ersten entscheidenden Schritt zur Verklärung des Sozialen machte der Marxismus mit dem, was Paul Lafargue, der französische Sozialist und Schwiegersohn von Karl Marx, so spöttisch wie treffend »Religion der Arbeit« genannt hat. Seit 1848 gibt es den heiligen Arbeiter – heute ist es nicht mehr der Kumpel aus dem Ruhrpott, sondern die Krankenschwester. Der nächste Schritt führt dann von der Religion der Arbeit zur Vergötzung des Sozialen. Es genügt als zusätzliches Element der Kult des Kollektivs, der Gruppe, des Teams. Wer heute einen Job sucht, muss vor allem den Eindruck erwecken, »teamfähig« zu sein. Und Schülern bringt man im »sozialen Lernen« bei, dass

Gruppenarbeit die einzige Lebensform des guten Menschen ist. Das Soziale definiert heute so ausschließlich das Politische, dass der Politiker seinen Willen zur Macht als Fürsorglichkeit verkaufen muss.

Doch wo liegt das entscheidende Problem einer Politik der sozialen Gerechtigkeit? Jedenfalls nicht darin, dass »die starken Schultern« immer stärker belastet werden. Vielmehr drohen die Begünstigten der wohlfahrtsstaatlichen Maßnahmen selbst zu deren Opfern zu werden. Sozialpsychologen sprechen von erlernter Hilflosigkeit. Die Massenmedien besorgen dann den Rest: Man lernt, sich hilflos zu fühlen, wenn man andere beobachtet, die unkontrollierbaren Ereignissen ausgesetzt sind – zum Beispiel Naturkatastrophen und Bankenkrisen. Die Massenmedien bombardieren uns täglich mit Unkontrollierbarkeit.

Und so sehnt man sich nach dem schützenden Vater, der in der vaterlosen Gesellschaft natürlich nur noch der Staat sein kann. Überall in der westlichen Welt steht die politische Linke heute für den Sozialstaatskonservativismus. Sicherheit verdanken die meisten heute nicht mehr dem Gesetz, sondern der staatlichen Fürsorge. Im »vorsorgenden Sozialstaat« schließlich wird die Daseinsfürsorge präventiv: Es wird geholfen, obwohl es noch gar keinen Bedarf gibt. Schon in den 70er Jahren des 19. Jahrhunderts hat der Staatssozialist Adolph Wagner die »vermehrte, verfeinerte, großartig organisierte Präventivtätigkeit des Staates« gelobt. Dabei wird gerne vergessen, dass jede Vorsorge Knappheit produziert. Man denke nur ans Sparen. Du möchtest für die Zukunft reservieren, was ich heute schon konsumieren will. Und umgekehrt: Gib Gas, ich will Spaß! Aber dafür müssen deine Enkel büßen.

Den spezifischen Beitrag des vorsorgenden Sozialstaates zum

Profit für alle hat der Soziologe Wolfgang Zapf »Wohlfahrtsproduktion« genannt. Ganz ähnlich spricht auch sein Kollege Stephan Wolff von der »Produktion der Fürsorglichkeit«. Wohlfahrt heißt dem Wortsinne nach eigentlich glückliches Leben. Als Staatszweck tritt die Wohlfahrt neben Recht und Sicherheit, und zwar als Sorge für das allgemeine Beste. Wenn wir genauer hinsehen, bemerken wir rasch, dass der Begriff fünf verschiedene Dimensionen hat. Ethisch verheißt er Glückseligkeit, politisch steht er für Gemeinwohl, ökonomisch bezeichnet er den Wohlstand, karitativ meint er die Wohltätigkeit, und sozial heißt Wohlfahrt Daseinsfürsorge.

Der patriarchale Wohlfahrtsstaat des aufgeklärten Absolutismus im 18. Jahrhundert wollte für seine Untertanen soziale Gerechtigkeit und ging in deren Namen über das Recht hinweg. Schon damals war die Fürsorge für die Untertanen dem Staat wichtiger als deren persönliche Freiheit. Die Bürger des frühen 19. Jahrhunderts haben sich dann gegen diese Bevormundung gewehrt. Ihre Argumente hat Wilhelm von Humboldt schon 1792 in seinen großartigen *Ideen zu einem Versuch, die Grenzen der Wirksamkeit des Staates zu bestimmen* entwickelt. Sein Fazit lautet: »der Staat enthalte sich aller Sorgfalt für den positiven Wohlstand der Bürger, und gehe keinen Schritt weiter, als zu ihrer Sicherstellung gegen sich selbst, und gegen auswärtige Feinde notwendig ist.« Das ist Klartext – und Nietzsche hat ihn wiederholt. Nun haben wir ja schon gesehen, dass dieser schöne, naive Liberalismus den politischen Aufgaben unserer Gesellschaft nicht mehr gewachsen ist. Doch nur an dieser liberalen Position kann sich der moderne vorsorgende Sozialstaat selbst reflektieren und selbst begrenzen.

Dafür gibt es ein sehr aktuelles Beispiel. Die sympathischsten Vertreter des vorsorgenden Sozialstaates, Richard H. Thaler und Cass R. Sunstein von der University of Chicago, propagieren einen »libertären Paternalismus«. Das Adjektiv libertär soll das Erschrecken über einen selbstbewusst auftrumpfenden Paternalismus mildern; es soll immer gewährleistet bleiben, dass die Menschen ihren eigenen Weg gehen können – auch gegen den Rat der vorsorgenden und fürsorglichen Väter. Doch die Ausgangsüberlegung des aufgeklärten, libertären Paternalismus ist die Überzeugung, dass die meisten Menschen nicht wissen, was gut für sie ist.

Dabei kann Vater Staat durchaus auf den Beifall seiner Kinder setzen, denn die Anlehnungsbedürftigkeit der Menschen an den Staat wächst. Der Paternalismus des vorsorgenden Sozialstaates wird ihnen also nicht nur aufgezwungen – sie begehren ihn, denn er entlastet sie von der Bürde der Freiheit. Die verwaltete Welt ist für viele eine Wunscherfüllung. Das Buch von Thaler und Sunstein heißt *Nudge*, zu Deutsch etwa: der Schubser in die richtige Richtung des aufgeklärten Verhaltens. Im Klartext geht es um eine Art Sozialvormundschaft im Namen der Mündigkeit.

Das Problem des »nudge« haben amerikanische Organisationssoziologen bisher unter so kalten und unübersetzbaren Begriffen wie »people processing« und »social engineering« diskutiert. Dabei geht es um die Frage, wie man die Lebensführung von Menschen zum Guten verändern kann. Wie kann man Männer dazu bringen, »fürsorglich« zu werden? Wie kann man Migranten dazu bringen, sich in die deutsche »Leitkultur« einzufügen? Wie kann man gebildete Frauen dazu bringen, Kinder zu bekommen?

Die Grenzen der Sozialpolitik sind dort erreicht, wo es darum geht, die Menschen so zu verändern, dass sie die Chancen nutzen können, die ihnen die Gesellschaft bietet. Weder mit

Geld noch mit Rechten kann man die Menschen in ihrer Lebensführung anleiten. Es geht hier um Erziehung, Sozialisation und lebenslanges Lernen – all das hängt von persönlichem Einsatz, Engagement und Flexibilität ab. Geld und Rechte sind da zwar notwendige, aber keine hinreichenden Bedingungen.

Sehen wir näher zu, wie Thaler und Sunstein das Problem lösen und ihren libertären Paternalismus begründen. Bei den Grundfragen von Gesundheit, Bildung und Altersvorsorge brauchen die Bürger nicht eine Fülle von Wahlmöglichkeiten, sondern ein benutzerfreundliches Design, das ihnen Orientierung bietet und Wege vorgibt. Die Leute, die nicht wissen, was gut für sie ist, brauchen »Wahlhelfer« im wortwörtlichen Sinne, also kompetente Menschen, die ihre Entscheidungen wohltätig beeinflussen. Thaler und Sunstein nennen sie Wahlarchitekten. Genau so verstehen sich heute aufrechte Sozialdemokraten.

Der alles sehende und alles besorgende Staat entfaltet eine Tyrannei des Wohlmeinens. Totale Wohlfahrt schließt heute nämlich eine Überwachung des Verhaltens der Bürger ein. Der Staat greift auf den ganzen Menschen zu, auf Leib und Seele. So wird die staatliche Daseinsfürsorge präventiv. Geholfen wird also auch denen, die nicht hilfsbedürftig sind. Seither heißt totale Wohlfahrt »Service«.

Auch der englische Soziologe Antony Giddens plädiert für eine Erweiterung der staatlichen Daseinsvorsorge zur Politik der positiven Wohlfahrt. Hier wird das Glück als universalisierbarer Wert verstanden, und deshalb kann sich die positive Wohlfahrtspolitik als Entwicklungshilfe eines sich selbst bestimmenden Einzelnen begreifen. Das ist eine schöne Paradoxie: Der Staat betreibt Mitbestimmung bei der Selbstbestimmung des Einzelnen. So wird Politik zum Glückszwangsangebot. Übrigens zielt das »Schubsen« der positiven Wohlfahrt bei Giddens nicht nur auf die Benachteiligten, sondern auch auf die Erfolgreichen. Dahinter steckt eine interessante soziologische Spekulation über die Probleme und Lebensstile der Zukunft. So wie die Armen an der Ungleichheit leiden, so leiden die Reichen am »Produktivismus«. Giddens träumt von einem Lebensstilpakt zwischen Arm und Reich, einem wechselseitigen Lernen, aus dem dann der sich selbst bestimmende Einzelne erwächst. Die Reichen lernen von den Armen, die Autonomie der Arbeit in Frage zu stellen. Und die Armen lernen von den Reichen, die positiven Effekte der sozialen Unterschiede anzuerkennen.

Die eigentliche philosophische Grundlegung des vorsorgenden Sozialstaates bietet aber erst John Rawls in seiner *Theorie der Gerechtigkeit*. Der Paternalismus des starken Staates ist gerechtfertigt, weil die Menschen vor der eigenen Willensschwäche geschützt werden müssen. Bestimmte Menschen sind dann autorisiert, in unserem Namen zu handeln und zu tun, was wir selbst tun würden, wenn wir rational denken und entscheiden könnten. Der paternalistische Staat, der ja nichts von uns als Personen wissen kann, versorgt uns dann mit den Dingen, die wir »vermutlich« wünschen – ganz unabhängig davon, was wir faktisch wünschen!

John Rawls ist durch eine Metapher berühmt geworden: den Schleier des Nichtwissens. Hinter ihm verschwindet alles, was Psychologen analysieren könnten. Es geht um das Gedankenexperiment einer Ursituation, in der rationale Individuen ein Prinzip der Gerechtigkeit wählen. Sie wissen nichts über ihren Platz in der Gesellschaft, ihren sozialen Status und ihre natürliche Ausstattung, also Stärke, Intelligenz und Schönheit. Indem man den Menschen all diese Informationen vorenthält, schützt man sie davor, von Vorurteilen geleitet zu werden. Der Zufall der Natur und der sozialen Umstände soll keine Rolle spielen.

Niemand habe seine natürlichen Talente und seine gesellschaftlichen Startbedingungen »verdient«.

Der ungeheure Erfolg seiner Gerechtigkeitstheorie liegt darin begründet, dass John Rawls das System der natürlichen Freiheit attackiert, in dem sich jeder Liberale zu Hause fühlt. Das System der natürlichen Freiheit besteht aus Marktwirtschaft, gleicher Freiheit, formaler Chancengleichheit und Karrierechancen für jedes Talent. Der Fehler dieses liberalen Systems liegt für Rawls nun darin, dass es die kumulativen Effekte der Ungleichheit natürlicher Talente (IQ, Kraft, Schönheit) und sozialer Umstände (glückliche Familienverhältnisse, gute Schule) nicht berücksichtigt. Der Einfluss der »natürlichen Lotterie« ist zu mächtig, um für Menschen gleiche Erfolgschancen zu schaffen. Es kann keine echte Chancengleichheit geben, solange es noch Familien gibt. Selbst der Wille, sich Mühe zu geben, sich anzustrengen, etwas zu versuchen, hängt von glücklichen sozialen und familiären Umständen ab.

Rawls betrachtet deshalb die Verteilung natürlicher Talente als Gemeinschaftseigentum, als ein kollektives Gut. Niemand hat seine natürliche Begabung und seine soziale Stellung verdient, und deshalb darf sie der Begünstigte nur nutzen, wenn dadurch auch das relative Unglück der anderen ausgeglichen wird: Profit für alle. Doch wohlgemerkt: John Rawls will nicht die sozialen Unterschiede eliminieren. Er sieht in den Exzellenzen der Menschen kein Hindernis der Gerechtigkeit, sondern ein Medium des Fortschritts. Individuelle Exzellenzen sind Güter, an denen sich, wenn sie nur richtig in Szene gesetzt werden, alle erfreuen können. So wird jeder die Meisterschaft im Musizieren für ein Gut halten, auch wenn er nicht selbst über sie verfügt.

John Rawls' Gerechtigkeitstheorie ist viel differenzierter, als sie in der heute vorherrschenden sozialistischen Lesart erscheint, die sie zu einem Manifest des Egalitarismus umdeuten möchte. Rawls sieht es so: Zwar sind Ungleichheiten in Fragen des Reichtums und der Macht nur dann gerecht, wenn sie Wohltaten für jedermann zur Folge haben. Doch dass einige wenige mehr haben, ist so lange nicht ungerecht, solange die Situation der weniger Glücklichen dadurch verbessert wird. Rawls meint also, dass sich die weniger Erfolgreichen nicht beklagen dürften, wenn sie in einem kapitalistischen System der Ungleichheit mehr bekommen als im Sozialismus. Insofern widersprechen auch große Einkommensunterschiede nicht dem Gerechtigkeitsprinzip – solange sie nicht »exzessiv« sind. Und das ist natürlich eine rein praktische Frage. Die deutsche Politik hat sie gerade mit der Einkommensgrenze von 500 000 Euro pro Jahr für Manager beantwortet.

Doch genug der Theorie. Der Leser wird sich spätestens jetzt zu Recht fragen: Sind das nur Soziologenträume? Wo könnte dieses Utopia konkret verortet werden? Wenn man John Rawls' Schleier des Nichtwissens auf Wirtschaftssysteme anwenden würde, dürfte man vermuten, dass die meisten Menschen die Marktwirtschaft wählen würden. Und tatsächlich gibt es ja eine ganz handfeste Analogie zum Gedankenexperiment des Ignoranzschleiers, nämlich die internationalen Migrationsströme. Fast alle Migranten strömen in Länder, die marktwirtschaftlich organisiert sind. Im Vorwort zur revidierten Auflage seines epochemachenden Hauptwerks hat Rawls denn auch darauf hingewiesen, dass seine Gerechtigkeitstheorie nicht als Rechtfertigung des klassischen Wohlfahrtsstaates gedacht war, sondern sich am besten mit einer sozialdemokratisch regierten Marktwirtschaft verträgt. Sehr viel mehr als Schweden wäre also Deutschland der ideale Schauplatz.

Rawls' Modell der wohlgeordneten Gesellschaft träumt von einer sozialen Einheit aus sozialen Einheiten, also einer Pluralität von Assoziationen und Interessengemeinschaften, die alle ein stabiles, sicheres Innenleben haben. Weil nun alle Menschen ihre Lebenswelt in solchen Gemeinschaften finden, sind sie gegen die schmerzliche Sichtbarkeit der sozialen Unterschiede geschützt. Wir vergleichen uns eigentlich nur mit Mitgliedern der eigenen Bezugsgruppe oder mit Leuten, die im Horizont unseres eigenen Lebensentwurfs auftauchen. So jedenfalls sieht es Rawls.

Seine Theorie der Gerechtigkeit zeichnet also ein harmonisches Bild der wohlgeordneten Gesellschaft. Sie differenziert sich in Gruppen, die sich nicht miteinander vergleichen und es jedem Mitglied ermöglichen, die Unterschiede des Einkommens und des Lebensstils zu ignorieren. Dieser wohltätigen Ignoranz entspricht auf Seiten der Privilegierten und Erfolgreicheren, dass sie auf jede Zurschaustellung ihres höheren Lebensstandards verzichten. Weil sich alle auf das bunte Leben der je eigenen Interessengemeinschaft beziehen, spielen Eifersucht und Neid gesellschaftlich kaum eine Rolle. Und das Selbstwertgefühl des Einzelnen hat nicht primär mit seinem Einkommen zu tun, sondern wird durch öffentliche Anerkennung gesichert. Alle haben den Status gleicher, freier Bürger.

Zugegeben: Das ist ein sympathischer Traum. Aber ich denke, wir müssen das Problem der Anerkennung in einer Neidgesellschaft wie der unseren doch sehr viel ernster nehmen. Alles Begehren der Menschen ist im Kern ein Begehren nach Anerkennung. Wir diskutieren dieses Thema heute zumeist unter dem Titel Würde – oder gar Menschenwürde. Es ist schwer, eine nichtidealistische Definition der Würde zu geben. Aber wir können doch feststellen, dass Würde sehr stark mit Kontrollchancen zusammenhängt. Hinter dem Anspruch auf die Achtung der eigenen Würde steht der Wunsch, etwas erkennbar zu bewirken. Wie gesagt: Ich will eine Ursache sein, einen für alle sichtbaren Unterschied machen. Und dem entspricht, dass es für die meisten Menschen wichtiger ist, wie sie behandelt werden, als was sie bekommen. Die Gerechtigkeit eines Verfahrens ist ihnen mindestens so wichtig wie die Resultate dieses Verfahrens. Es geht hier also um Würde-Güter.

Aus der Logik dieser Würde-Güter folgt auch, dass man den Mangel an Selbstwertgefühl, den die Arbeitslosigkeit verursacht, nicht durch staatliche Transferleistungen ausgleichen kann. Der Arbeitslose kann nicht ohne Scham in der Öffentlichkeit erscheinen und kann deshalb auch nicht am Gemeinschaftsleben teilnehmen. Er fühlt sich in seiner Würde gekränkt, und deshalb kann er Freiheit nicht als Spitzenwert empfinden. Nicht die Freiheit schützt hier die Würde, sondern die Kontrolle über die Art und Weise, wie man behandelt wird.

In dem großen polemischen Streit über die soziale Gerechtigkeit, der heute jeden Wahlkampf und jede Talkshow bestimmt, geht es im Kern um diese Würde-Güter und das Begehren nach Anerkennung. Wie ist soziale Gerechtigkeit heute möglich? Das Problem liegt nicht nur in der Unbestimmtheit des Begriffs »sozial«. Wir haben auch kein plausibles Modell für Gerechtigkeit mehr. Früher war der Tausch ein Realmodell des gerechten Handelns. Er hat eine Wechselseitigkeit erzeugt, die jeder überblicken und anerkennen konnte. Doch seit die Gesellschaft nicht mehr reziprok, also tauschförmig funktioniert, gibt es überhaupt keinen plausiblen Begriff von Gerechtigkeit mehr. Jedem das Seine – was sollte das sein?

Gerechtigkeit kann man also rein theoretisch durch die Wechselseitigkeit des Tauschs sehr gut veranschaulichen. Aber in der modernen Gesellschaft sind die Funktionsbeziehungen zwischen den Menschen so weit auseinander gezogen, dass ein Ausgleich nur noch auf Umwegen möglich ist – etwa dadurch, dass die Besserverdienenden »progressiv« besteuert werden. Es gibt hier keine direkte Wechselseitigkeit der Leistungen mehr, keine Balance zwischen Geben und Nehmen, zwischen Berechtigung und Verpflichtung. Der Soziologe Niklas Luhmann hat das polemisch in dem Satz zugespitzt: »Das subjektive Recht ist das ungerechte Recht.«

Wie Gott, Glück und Freiheit ist Gerechtigkeit eine Formel der Perfektion. Und deshalb passt sie eigentlich nicht mehr in die moderne Welt. Was man stattdessen allenfalls noch erwarten kann, ist Rechtssicherheit. Wenn wir zwischen Recht und Unrecht unterscheiden, ist damit ja noch nichts über Gerechtigkeit und Ungerechtigkeit gesagt. Stattdessen verschiebt sich der Akzent: Je komplexer das Recht ist, desto wertvoller wird für uns die Rechtssicherheit – dass nicht morgen Unrecht ist, was heute Recht ist. Und eigentlich genügt es doch, dass die Systeme funktionieren. Das sagt uns unser Verstand. Aber unser Gefühl fordert: soziale Gerechtigkeit.

Für meinen Versuch, soziale Gerechtigkeit neu zu denken, gibt es wohl keinen besseren Anknüpfungspunkt als die Diskussion der frühen 50er Jahre über das Bonner Grundgesetz und seinen Begriff des sozialen Rechtsstaates. Das war eine große, mit Leidenschaft und Augenmaß geführte Debatte, von der die politischen Konsumenten heutiger Talkshows nur noch träumen können. Es geht seit 1950 in Deutschland um die Einheit des Gegensatzes von Rechts- und Sozialstaat. Wir sind nämlich gleich als Staatsbürger, aber ungleich im Sozialen. Da ist einerseits der Sozialstaat, der austeilt, indem er umverteilt. Er richtet seine polemische Spitze gegen die Liberalen. Da ist andererseits der Rechtsstaat, der den Einzelnen und sein Eigentum schützt. Er richtet sich ausdrücklich gegen den nationalsozialistischen Unrechtsstaat. Und der Begriff »sozialer Rechtsstaat« ist der Versuch, der Brüderlichkeit der Französischen Revolution Verfassungsrang zu geben.

Hier hilft ein Blick noch weiter zurück in die Geschichte. Uns genügt eine einfache Gegenüberstellung: Geistesgeschichtlich geht der Rechtsstaat auf Kant zurück. Der Sozialstaat dagegen wurde von dem bedeutendsten Staatsrechtslehrer des 19. Jahrhunderts, Lorenz von Stein, entworfen. Der Rechtsstaat betont die Verfassung, ihre Gewährleistungen und bevorzugt den Status quo. Der Sozialstaat dagegen zielt auf die Verwaltung, ihre Gewährungen und fördert die Reformen. Der Rechtsstaat garantiert Freiheit und die Möglichkeit zur Entfaltung der Persönlichkeit. Der Sozialstaat dagegen verspricht Sicherheit und Teilhabe. Die Idee des Sozialstaates bei Lorenz von Stein zeugt von großer Weitsicht und ist von erstaunlicher Aktualität. Sie versucht, die Gleichheit vor dem Gesetz und die Ungleichheit im gesellschaftlichen Leben zusammen zu denken. Und wo Lorenz von Stein von der »Verwaltung des gesellschaftlichen Fortschritts« spricht, hat er bereits die Daseinsvorsorge als eigentliche politische Gestaltungsdimension bestimmt.

Auch wenn wir aus dem Grundgesetz wissen, dass wir in einem sozialen Rechtsstaat leben, erfahren wir doch im Alltag, dass Rechtsstaat und Sozialstaat nicht in harmonischem Verhältnis zueinander stehen. Wir balancieren heute auf des Messers Schneide zwischen einer Freiheit, die fast niemand leben kann, und einem Sozialismus, der niemanden leben lässt. Hier gibt es keine einfache Lösung. Weder die schrecklichen Vereinfacher noch die Querdenker helfen weiter. Die Lösung ist vielmehr »dialektisch«, das heißt, man muss um zwei Ecken denken. Nämlich so: Gerade derjenige, der den totalen Wohlfahrtsstaat verhindern will, muss den temperierten vorsorgenden Sozialstaat fordern.

Nur die wohldosierte Daseinsvorsorge eines starken Staates kann das Entstehen jener sozialen Fragen verhindern, auf die der totale Wohlfahrtsstaat bisher die einzig mögliche Antwort zu sein schien. Freiheit kann demnach nur der Leistungen gewährende Sozialstaat gewährleisten, weil wirtschaftliche Sicherheit die Bedingung realer Freiheit ist. Das ist eine Frage des Maßes, des Maßhaltens und des Augenmaßes, das den wahren Politiker kennzeichnet. Wir haben solche Politiker in Deutschland. Dieses Buch möchte ihnen Mut machen.

Ich musste dem Leser ein schwieriges Schlusskapitel über den Staat der Zukunft anbieten. Schwierig ist es nicht durch Fremdwörter, Abstraktionen oder Theorien geworden, sondern durch eine eigentümliche Unschärfe, die aber – meine ich! – in der Sache begründet ist. Greift der Staat in die Wirtschaft und das Alltagsleben der Menschen ein, so wird er es bereuen. Greift er nicht ein, so wird er es auch bereuen. Deshalb die »Politikverdrossenheit«.

In diesem Dilemma hilft nur Besonnenheit weiter. Aber hinzu kommen muss Leidenschaft. Und hier stellt sich den verantwortlichen Politikern eine gewaltige Führungsaufgabe. Ich kann keine Patentrezepte liefern, aber eines ist sicher: Das stahlharte Gehäuse ist instabil geworden. Die Zeit des Systems ist Vergangenheit. Was jetzt zählt, ist der neue Geist.

Nur Narren verkennen die welthistorische Leistung, die der Wohlfahrtsstaat im 19. Jahrhundert erbracht hat: die Integration aller Menschen in die moderne Massendemokratie. Aber wir haben einen hohen Preis dafür zahlen müssen. In seinem Gedicht *Leviathan* nennt Hans Magnus Enzensberger uns Bürger des modernen Staates die »hörigen Angehörigen«. Genau darauf zielt meine Kritik des totalen Wohlfahrtsstaates. Unser Hauptproblem ist ein geistiges. Es geht um die Betreutenmentalität, die erlernte Hilflosigkeit heißt. Diese Mentalität ist der Todfeind von Mut und Initiative des Einzelnen.

Tapferkeit und Mut sind die einzigen Tugenden, die man nicht heucheln kann, hat der Kolumnist Johannes Gross einmal gesagt. Ein neuer Geist braucht Charismatiker, die ihn verkörpern, und eine Gefolgschaft, die Partisanen der Idee. Es geht wohlgemerkt um Gefolgsleute, nicht um Angestellte. Es geht um Führer, nicht um Manager. Es geht um Charisma, nicht um Bürokratie. Das ist die eindrucksvolle Lektion, die uns der Wahlkampf Obamas erteilt hat. Man kann die Menschen nur mit Ideen und Leidenschaft führen.

Wer sind wir, und wie sieht die Zukunft aus? Das sind die Fragen, die alle Menschen bewegen, und auf die jeder, der führen will, eine Antwort finden muss. Nicht die beste Idee gewinnt, sondern die am besten geführte Idee. Leidenschaft entscheidet. Charismatische Führer legitimieren sich heute selbst, indem sie den Leuten eine Kommunikationsplattform bieten. Sie erzählen Geschichten, in denen sich ihre Anhänger wiederfinden. Weil wir die Zukunft nicht kennen, müssen wir sie erzählen. Und hier gibt es gar keinen großen Unterschied zwischen denen, die ein Produkt verkaufen, denen, die einen Präsidenten wählen, und denen, die Geld für wohltätige Zwecke sammeln. Genau wie die Markenfans werden auch die politischen Aktivisten und die Freiwilligen von einem Marketing bedient, das Ideen in Geschichten verpackt und sie Gemeinschaften zur Identifikation anbietet. Jedes gute Marketing verändert den Markt und die Kunden. Das gilt auch für den Markt der politischen Ideen.

Der erfolgreiche politische Führer ist nicht einfach von Beruf Politiker, sondern hat die Berufung zur Politik. Sein Wille zur Führung zeigt sich darin, dass er etwas in Gang setzen, einen Unterschied machen will. Oder um es mit dem Lieblingsausdruck der Berliner Politiker zu sagen: Er will etwas »auf den Weg bringen«. Dazu braucht man Spannkraft, um reagieren zu können, Kommunikationsfähigkeit, um antworten zu können, und Mut, um die Initiative ergreifen zu können. Den Beruf zur Politik hat eigentlich nur jemand, den der Glaube an eine Idee und eine Gemeinschaft trägt – die Grünen haben uns das vor zwanzig Jahren noch einmal vorgeführt. Aber hinzukommen muss die Kommunikation einer Leidenschaft. Und dafür sind die Leute heute Obama dankbar: *Change. Yes, we can.* Das ist eine der erfolgreichsten Kampagnen aller Zeiten.

Ich bin sicher, dass sich diese politische Rhetorik des Wandels gegen das sozialistische Mantra der Umverteilung durchsetzen wird. Zwar redet alle Welt heute sozialistisch, aber die Wirklichkeit ist mehr denn je kapitalistisch geprägt: marktradikal angelsächsisch, autoritär chinesisch oder sozial wie im Musterland Deutschland. Im Marketing für eine bessere Welt konvergieren Konsum und Engagement. Und ich habe ja ausführlich gezeigt, dass der politische Konsum eine Doppelbedeutung hat. Zum einen wird der Konsum politisch aufgeladen, zum anderen versteht sich der Bürger als politischer Endverbraucher, der Unterstützung, Betreuung und Regulierung nachfragt. Und wer fragt, was aus den sozialen Bewegungen geworden ist, dem kann man antworten: Sie sind ins Internet abgewandert. In den sozialen Netzwerken verwandelt sich die Energie des Protests in die Produktion des sozialen Reichtums – Vernetzung statt Revolte.

Ideologie ist der Betrug, an den man selbst glaubt. Und seit

Willy Brandt den Slogan »Mehr Demokratie wagen« prägte, ist auch die Forderung nach Demokratie zur Demagogie verkommen. Für den kalten Sozialismus des umverteilenden Wohlfahrtsstaates heißt Demokratie, dass die Gefangenen das Recht haben, ihre Wächter selbst zu wählen. Aber nicht diejenigen, die »mehr soziale Gerechtigkeit« fordern, sondern diejenigen, die sich um die Bedingungen der Möglichkeit eines starken Staates sorgen, sind die wahren Freunde der Demokratie. Einige dieser Bedingungen stehen heute unter einem großen Tabu: wissenschaftlich-technischer Fortschritt, wirtschaftliches Wachstum und die politische Führungsrolle des Westens. Mehr als alles andere brauchen wir heute Politiker, die sich dazu bekennen.

Während ich diese Zeilen schreibe, redet alle Welt noch von der großen Krise. Es gibt sie, ohne Zweifel, und unendlich viele leiden darunter. Doch die entscheidende Frage ist, ob wir sie als Fatum hinnehmen oder das Schicksal in die eigene Hand nehmen. Denn die Krise ist die Zeit des Wandels. Und am Ende wird sich zeigen: Die Krise ist für die Loser, der Wandel ist für die Sieger.

Der Weg zum Glück ist die Initiative, sagt Seth Godin. Wir leben nicht bloß einfach so. Wir führen ein Leben – die Würde des Menschen muss geleistet werden. Und diese Lebensführung dürfen wir uns nicht vom Staat wegnehmen lassen. Wer nur jammert, hat verloren. Nimm dich selbst ernst und mach das, was du zu tun hast, richtig! Gerade wir privilegierten Bürger der westlichen Welt sollten begreifen: Das Leben ist zu kurz, um unglücklich und mittelmäßig zu sein.

Über den Autor

Norbert Bolz, geboren 1953, ist Professor für Medien und Kommunikation an der Technischen Universität Berlin, Fachgebiet Medienwissenschaft / Medienberatung. Er gilt als Vordenker einer neuen Emanzipation und Selbstbestimmung des Einzelnen. Er hat mehrere Bücher veröffentlicht, u.a. *Diskurs über die Ungleichheit* (2009), *Die Helden der Familie* (2007), *Das ABC der Medien* (2007) und *Das konsumistische Manifest* (2002).

Christoph Antweiler
Heimat Mensch
Was uns alle verbindet

268 Seiten, ISBN 978-3-86774-067-8

Warum gibt es keinen öffentlichen Sex? Wieso hat jeder Mensch ein Heimatgefühl? Wann finden Menschen einander schön? Welche Wörter kommen in allen Kulturen vor? Warum sitzen wir, wie wir sitzen?

4000 indigene Völker, rund 7000 Sprachen, Tausende von Kulturen gibt es auf unserem Planeten – Menschen, so unterschiedlich wie nur denkbar. Jeder davon ist einzigartig, und doch hat er vieles mit anderen gemeinsam. Neben dem, was uns trennt, gibt es ein überraschend großes Fundament, das die Kulturen verbindet. Der viel zitierte »Clash of Civilizations« stellt sich aus Antweilers Sicht als eine von großer Unkenntnis geprägte Verengung des Blickwinkels dar. In Wahrheit verbindet uns mehr als uns trennt. HEIMAT MENSCH ist ein wunderbar zu lesendes und höchst erstauntliches Buch über uns alle.

MURMANN

Utz Claassen
Wir Geisterfahrer
Wir denken falsch. Wir lenken falsch.
Wir riskieren die Zukunft unserer Kinder

216 Seiten, ISBN 978-3-86774-066-1

Unsere Gesellschaft ist auf Geisterfahrt. Wir werden kolossal Schiffbruch erleiden, wenn wir nicht endlich die richtigen Lehren aus den Krisen ziehen und die Weichen anders stellen: Nicht Schulden mit neuen Schulden bekämpfen, nicht aus der Verantwortung flüchten und schon gar nicht Missmanagement belohnen! Utz Claassen, einer der erfolgreichsten und mutigsten Topmanager unserer Zeit, analysiert messerscharf in entlarvenden, leicht verständlichen Bildern die Ursachen der aktuellen Krisen. Er ruft die Gesellschaft zum Widerspruch und zum gemeinsamen Handeln auf: schnell, mutig und klar!

»Überzeugend ist die Analyse, die Claassen mit vielen hübsch-abschreckenden Anekdoten aus der Welt der Spitzenmanager garniert.« *Welt am Sonntag*

MURMANN

Peter Felixberger
Deutschlands nächste Jahre
Wohin unsere Reise geht

240 Seiten, ISBN 978-3-86774-071-5

Wir werden weniger, älter und ungleicher, gesünder und gebildeter, aber auch glücklicher? Was nehmen wir Deutschen mit in die Zukunft, und was lassen wir zurück? Was wird wirklich wichtig für uns?

Im Jahr 2009 trafen sich im Berliner Kanzleramt kluge Köpfe des Landes, um über die Zukunft der Deutschen zu debattieren: Thea Dorn, Thomas Perry, Meinhard Miegel, Eckard Minx, Enja Riegel, Heinz Bude, Tim Leberecht, Christian Böllhoff, Bernhard von Mutius, Horst W. Opaschowski u.v.a.m. Der Publizist Peter Felixberger war dabei – bei allen Hearings, Workshops und Diskussionen mit Experten, der Kanzlerin und ihren Mitarbeitern. Hier legt er seinen unabhängigen Report über ein einmaliges Zukunftsprojekt vor. Was packen wir Deutschen in den Rucksack, mit dem wir uns aufmachen in die Zukunft?

MURMANN